新时代精英的24种思考·行动方式

新人类时代
NEWTYPE

〔日〕
山口周
Yamaguchi Shu
◎著

沈于晨
◎译

中国出版集团　现代出版社

版权登记号：01-2021-1411

图书在版编目（CIP）数据

新人类时代 /（日）山口周著；沈于晨译 . -- 北京：现代出版社，2021.4
ISBN 978-7-5143-8944-9

Ⅰ . ①新… Ⅱ . ①山… ②沈… Ⅲ . ①经营管理—研
究 Ⅳ . ①F272.3

中国版本图书馆 CIP 数据核字 (2021) 第 072429 号

New Type No Jidai
by Shu Yamaguchi
Copyright © 2019 Shu Yamaguchi
Simplified Chinese translation copyright © 2021 by Modern Press Co., Ltd.
All rights reserved.
Original Japanese language edition published by Diamond, Inc.
Simplified Chinese translation rights arranged with Diamond, Inc.
through Lanka Creative Partners co., Ltd. and Rightol Media Limited.

新人类时代

作　　者：［日］山口周
译　　者：沈于晨
策划编辑：王传丽
责任编辑：张　瑾
出版发行：现代出版社
通信地址：北京市安定门外安华里 504 号
邮政编码：100011
电　　话：010-64267325　64245264（传真）
网　　址：www.1980xd.com
电子邮箱：xiandai@vip.sina.com
印　　刷：三河市国英印务有限公司
开　　本：787mm×1092mm　1/32
印　　张：9
字　　数：172 千字
版　　次：2021 年 4 月第 1 版　　印　　次：2021 年 4 月第 1 次印刷
书　　号：ISBN 978-7-5143-8944-9
定　　价：59.80 元

序 言

所谓"20 世纪的优秀"即将终结

本书想要告诉大家什么呢？

20 世纪后半期至 21 世纪初期，"优秀人才"受到了极高评价，他们顺从、有逻辑、勤奋并具有强烈的责任感，但他们作为一种"Old Type"或将迅速失去价值。而那些与他们相反的"New Type"人才，即具有自由、相信直觉、任性、好奇心强等特点的人，今后将会产生极大的价值并备受好评，从而真正拥有"丰富的人生"。

如果你能够理解本书的宗旨，那么你就会意识到在 20 世纪后半期到 21 世纪前半期的约 50 年间，那种"符合人们希望"的思考及行为方式如今正快速落后于时代。

本书将那些旧的、惯用的思考及行为方式称为"Old Type"，新型的思考及行为方式则称为"New Type"。

那么，所谓 New Type 究竟代表着一种怎样的人物形象呢？这就是本书的主题，详细内容请大家阅读正文。在这里，我们列出如图 1 所示 Old Type 和 New Type 思考及行为方式。

Old Type		New Type
寻找正确答案	〉	寻找问题
预测	〉	构思
通过关键绩效指标进行管理	〉	赋予动机
提高生产率	〉	增加娱乐
遵守规则	〉	遵从自己的道德观
局限于一个组织	〉	跨越组织界限
周密地计划并实行	〉	姑且尝试一下
夺取、独占	〉	给予、分享
依靠经验	〉	依靠学习

图 1　今后需要怎样的思考及行为方式

显然，人们通常认为 Old Type 的思考及行为方式是"优秀成功人士"的必备条件，但如今社会结构在发生变化，科技在发展，所以这些思考及行为方式也必须更新。

本书将在正文的各个章节中对上述内容进行详细解释。在序言中我们先来谈一谈，Old Type 即曾经被盛赞的人才的必要条件，为什么一定要更新为新型人才必要条件即 New Type 呢？我大致从两大要点来解释其原因。

"找出正确答案的能力"已经失去价值

第一个要点，因为 Old Type 的思考及行为方式旨在"为社会创造价值"，所以其优势已逐渐失效。

我曾在拙作《世界精英为什么要锻炼"审美意识"？》一书中提到，Old Type 所依据的"理论与科学"指出"物质正在过剩，而正确答案正在商品化"，在这样的社会环境中，Old Type 正在逐渐失效。今后，社会需要的是一种崭新的人才即 New Type，他们以"审美意识与艺术"为武器，这无疑是因为"价值创造"的源泉从"解决问题、创造物质的能力"变成了"发现问题、创造意义的能力"。

我们需要注意的是，所谓"优秀"是一个依存于上下文的概念。无论处于怎样的时代，"符合人们希望"的人才必要条件都基于那个时代特有的社会体系与技术要求，即相对于社会需求，较为稀少的能力与资质为"优秀"；反之，过剩的能力与资质则为"平庸"，因此变得廉价。

所以，如今这个"物质"过剩而"问题"稀少的社会，相较于从前那个"物质"稀少而"问题"过剩的社会来说，人才必要条件自然是大相径庭。

但因为人类的内心十分保守，所以很多人至今依然很崇拜"找出正确答案的能力"，这种能力代表着偏差值，人们坚信它就是衡量一个人是否"优秀"的标尺，而这种偏差的认知因各种社会情态而引发了悲剧与混乱。

你听过这样一个故事吗？在19世纪西部开拓时代，有一个传说中的人物名叫约翰·亨利，他是一个力大无穷、能够挥动铁锤的铁路工人，当时有一项最先进的技术叫"气钻机"，但亨利认为"历经磨炼的人类不可能输给那种东西"，于是他向气钻机发起挑战，最终虽然艰难地赢得了胜利，但却因心脏停搏而去世。

此前，人们根据"身体力量"和"精神力量"来界定一个人是否属于"优秀人才"，这种标准在产业革命时期已渐渐不复存在，而在这个过程中引发了众多混乱和悲剧，约翰·亨利的故事就是一个典型。

Old Type 导致现代问题扩大再生产

接着我们再来说说 Old Type 必须更新为 New Type 的第二个要点，那就是活跃至今的人才即 Old Type 所采取的思考与行为方式会导致资本主义体系产生的问题扩大再生产。[1]

例如，如今"垃圾问题"在全球各城市中都十分严重，这就是 Old Type 的思考及行为方式，即无条件推崇"量性提升"所导致的结果。

诚然，如果是像从前一样物质匮乏的情况，那么一味追求"量性提升"的 Old Type 的行为方式兴许会符合时代要求。但如今物质过剩，如若还是一味追求"量性提升"，那么所有过剩的物质只能相继变为垃圾。

人们曾将这种问题的原因归结于"资本主义体系"，并寻求是否能通过转变社会体系来解决问题。20 世纪 60 年代全世界盛行的学生运动就是一个例子。

我们要解决如今面临的"体系问题"，大幅度转变其中的思考及行为方式。

本书采用的构图是替换 Old Type 的"New Type 的 24 种思考及行为方式"，这种构图展现了前文中提到的"转换思考及行为方式"。

后结构主义思想家雅克·德里达曾提出过"解构"的概念，指对有形而上学稳固性的结构及其中心进行消解，每一解构都表现为结构的中断、分裂或解体，但是每一次解构的结果又都产生新的结构。

是否有可能通过重新肯定该体系内部的被否定物，从而恢复体系的丰富性？我在本书中也就这种可能性进行了论述。如果说得稍微夸张一些，我接下来要论述的就是"资本主义的解构"。

New Type 就是能"发现"问题的人

这么说略显抽象，让我们来举一个具体的例子吧。

20 世纪中期至后半期，"解决问题"的能力受到高度评价。当时，因为社会亟须解决"不满、不便、不安"等问题，所以能解决这些问题的组织与个人备受赞誉且能获得很可观的报酬。但是，一旦物质性需求和不满的问题被悉数解决，即如 21 世纪初期的情况，那么即使具备一定的解决问题的能力，可如果并不存在"重要问题"，这种能力就无法创造出财富。

自原始时代至 20 世纪后半期，人类一直生活在"问题过剩、解决方法稀少"的时代，因此，学校培养人才最基本的目标就是"提高解决问题的能力"。但是，我们在人类史中已经进入了一个新的时代，一个"问题稀少而解决方法过剩"的时代。在这样的时代，单凭"解决问题的能力很强"是无法创造出价值的。

"发现问题"与"解决问题"在商业贸易中常常配套出现。但如今因为"问题"越来越少，出现瓶颈的往往是"发现问题"这一环节，而不是"解决问题的能力"这个环节，其结果就是解决问题者的价值下降，发现问题者的价值上升——

这就是所谓的"符合人们希望的思考及行为方式取决于科学技术及社会结构"。

因此，我们要理解从前符合人们希望的 Old Type 思考及行为方式是如何转变成 New Type 的，那就必须要先探究技术或社会发生了怎样的变化。

在第 1 章中，我们先来思考促使 Old Type 转变成 New Type 的六大趋势吧。

1　可能会有读者觉得前文中的"问题稀少化"和这里的"问题扩大再生产"相互矛盾。为免疑义，在此进行说明。前文中所说的"问题稀少化"，指的是有可能通过市场交易解决的问题，如顾客不满、不便、不安等，即"经济体系内部可以解决的问题"。这里所说的"扩大再生产的问题"则指的是所谓的"市场失败"或"负外部性（注：也称外部成本或外部不经济，指一个人或企业的行为影响了其他人或企业，使之支付了额外的成本费用，但后者又无法获得相应补偿的现象）"问题，如垃圾、贫困、环境、虐待等，即"经济体系内部难以解决的问题"。

目 录
THE RISE OF
NEW TYPE

第 1 章

人才更新的六大趋势

——社会结构变化促使 Old Type 转变为 New Type

第 2 章

New Type 创造价值

——从解决问题到设定问题

第 3 章

New Type 的竞争战略
——从"有用"到"有意义"

第 4 章

New Type 的思考方式
——从偏重逻辑到逻辑与直觉相结合

第 5 章

New Type 的工作风格
——从低流动性到高流动性

第 6 章

New Type 的职业战略

——从预定调和到偶有

第 7 章

New Type 的学习能力

——从库存型学习到流动型学习

第 8 章

New Type 的组织管理

——从权力型管理到对话型管理

THE RISE OF
NEW TYPE

第 1 章

人才更新的
六大趋势

——社会结构变化促使 Old Type 转变为 New Type

世事无常，因而玄妙。

——吉田兼好[1]

什么是六大趋势

众所周知，"符合人们希望的人才必要条件"取决于当时的社会结构和科学技术。

那么，究竟是怎样的变化促使"一直以来符合人们希望的人才必要条件即 Old Type（旧人类，即传统型人才）"转变为"今后人们需求的人才必要条件即 New Type（新人类，即新型人才）"呢？下面我将从六大趋势来进行解读。

趋势 1　饱和的物质与枯竭的意义

趋势 2　问题稀少化与正确答案商品化

趋势 3　垃圾工作越来越多

趋势 4　社会的 VUCA 化

趋势 5　规模效益消失

趋势 6　寿命延长与事业短命化

趋势 1　饱和的物质与枯竭的意义

如今我们生活在一个现代化社会，几乎所有的生活必需品都唾手可得，这些生活必需品能让我们的日常生活安全又舒适。

在半个世纪以前的 20 世纪 60 年代，"三种神器"备受人们尊崇，因为它们象征着人人倾羡的富裕生活。所谓"三种神器"即电视机、洗衣机和冰箱这 3 种家用电器，可是到了今天，要找到没有这些电器的家庭反而是件难事。

仅仅过去了半个世纪，人们"憧憬"的东西就已经全面普及，这就是当今社会。过去的人们未曾经历过这样的时代，而如今，所有必需品我们都唾手可得。

但另一方面，许多人一面过着"极度便捷"的生活，一面又产生了一种难以名状的失落感。人类一直以来的梦想都是"不担心生存"，尽管很多人已经实现了，但总觉得缺少了什么，似乎丢失了人生中真正重要的东西。

如今，物质匮乏问题已基本解决，那人们要怎么做才能找到"活着的意义"呢？历史上首次提出该问题的是德国哲学家尼采，他在 150 多年前就曾预言现代人会"丧失意义"并被虚无主义控制。

什么是虚无主义？尼采将其定义为"无法回答'为了什么'这个问题"，这正是"丧失意义的状态"，即虚无主义的本质。

我们生活在一个"物质过剩但意义匮乏的时代"，"物质"过剩导致物质价值下降，而"意义"匮乏则令意义价值攀升，这就是 21 世纪的时代特点。

在这样的时代，Old Type 一成不变地继续生产着"有用的物质"，所以它在失去价值，而 New Type 却在赋予世界"稀少的意义",所以它在不断创造巨大的价值。

趋势 2 问题稀少化与正确答案商品化

"物质过剩化"导致"问题稀少化"。在物质过剩的世界里,日常生活中已经几乎没有事情会令人明显感到不满、不便或不安。也就是说,如今的时代正处于"问题稀少化"的状态。

如上所述,"发现问题"和"解决问题"催生了商业贸易。因此,两者之中"较少的一方"常常会成为社会瓶颈,而能突破这个瓶颈的人或组织就极具价值。

关于"问题"和"解决方法",我们通过回顾过往就会发现,自原始时代到 20 世纪后半期,过剩的常常是"问题",而匮乏的则是"解决方法"。很多人在物质层面感到极强的"不满、不便、不安",正因为如此,能够解决那些问题的个人和组织就集中性地拥有了财富。

所以在这样的时代,"解决问题者"自然在劳动力市场受到极高评价并能获取高额报酬。

但一旦所有物质都过剩从而导致"问题"稀少化,那么瓶颈就会从"解决问题"转变为"发现问题",而"解决能力"则会陷入供给过剩的状况。

在这样的世界,曾经获得高度评价的"问题解决者 =problem solver"作为 Old Type,其价值会大大下降,而"问题设定者 =agenda shaper"作为 New Type 则会产生极大价值，因为他们发现了谁都没有注意到的问题，并在经济性框架中提出了解决方案。

趋势3 垃圾工作越来越多

"物质过剩化"和"问题稀少化"这两大趋势交织导致了前所未有的状况，即"没有意义的工作 = 垃圾工作越来越多"。

人们普遍认为"工作"是"有价值之物"。正因为如此，很多人对"没有工作"这种状态备感愧疚，所以失业率上升成为一个需要处理的重大社会问题。

但如果物质已经过剩，需要解决的问题正在稀少化，那我们倒不如认为"失业"是提高生产率的最终环节并为之高兴。

实际上，近来各种统计及调查显示，大多数人认为自己的工作对社会毫无价值。可以说这是"物质过剩化"和"问题稀少化"导致的必然结果。

其实，如果工作原本的目的是"制造有用的东西"或"解决重要的问题"，那么在物质过剩、问题稀少的社会中，工作需求理应减少，但我们的劳动时间和 100 年前相比却几乎没有变化。

活跃于 20 世纪前半期的英国经济学家 J.M. 凯恩斯曾在其 1930 年所写的论文中预言，"100 年后的社会，人们每周工作 15 小时就足以生存"。这大抵是因为他认为当生产效率提高，社会上物质资本积累，那么劳动需求就会减少。但这个预言并未实现。

如果需求是固定的，那么随着生产效率的提高，需要投入的劳动量理应减少，但事实却并非如此。这个逻辑究竟哪里存在漏洞？

从结论来说，我们中的很多人都在从事并无实际价值与意义的"垃圾工作"。尽管与劳动相关的需求在减少，但因为劳动的供给量并未改变，所以很多人就不得不从事没有本质意义、对社会来说也毫无用处的"垃圾工作"以求生存，这就是当今社会的现状。

在这样的世界，Old Type 的目的和意义不明，它一味追求生产效率和量性成果，其结果就是产生更多的"垃圾工作"，既有碍周围人的工作动力，其自身或也陷入"无意义的泥沼"。而另一方面，New Type 则能常常形成"工作目的"及"工作意义"，将真正的价值语言化、结构化，从而能吸引人才、激发动力并产生极大的价值。

趋势 4　社会的 VUCA 化

VUCA 一词由带有当今社会特征的 4 个形容词的首字母组合而成，即 V=Volatile（不安定）、U=Uncertain（不确定）、C=Complex（复杂）、A=Ambiguous（模棱两可），美国陆军曾将该词用于描述当今世界形势。这 4 个特征即我们如今面临的状况，这一点应该没人反对吧？

如今，"社会的 VUCA 化"在各个领域受到争论，它究竟要求行动和思考发生怎样的变化呢？关于这一点，我认为目前并无答案。

人们一直给各种能力和事物贴上"好"的标签，而"VUCA 化"对它们的价值产生了极大影响。让我们来列举三大代表性要点吧。

第一个要点是"经验的无价值化"。迄今为止，我们一直无条件地将"经验丰富"这一点视作正面评价，但环境逐渐发生变化，这意味着过去积累的经验也在渐渐失去价值。

在这样的世界里，继续依赖过去积累的经验之人会迅速失去人才价值，而在新环境中灵活学习之人则会创造出价值。

第二个要点是"预测的无价值化"。迄今为止，当企业或个人想要实施某个行动时，都会先基于中长期的预测去制订计划，人们认为这是"正确的做法"。

但社会"不安定""不确定"，将导致"预测的价值"渐渐降低。在这样的时代，花费时间制订计划再一板一眼地实行——不得不说，这种行为方式存在极大的风险。今后倒不如尝试另一种方法"有计划地任其自然发展"，即视结果对计划进行反复修正，从而灵活应对不断变化的环境。

第三个要点是"优化的无价值化"。我们常常会通过优化周边环境去提高自我表现力，但这就会产生瓶颈。

在"VUCA的世界"里，因为环境一直在变化，所以如果在某个时间节点的环境中完成高度优化，那么下个瞬间，这些优化就会落后于时代。也就是说，我们正在走向一个新的时代，这个时代要求我们必须重新思考"优化概念"的意义。

如果这样的时代来临，那么"灵活性的合适度"反而变得更重要，因为对环境的"优化合适度"在某个瞬间必将变好，而我们需要知道怎样的灵活性才能够适应变化的环境。

趋势5　规模效益消失

自18世纪产业革命以来，"强势"商业均为大型规模。暴利性商业常居胜位，即投入庞大的资金建设工厂，大量生产产品，然后再花费巨额的广告费销售这些产品；反之，那些无法集资进行大量生产又付不起巨额广告费的企业就不得不在历史的车轮中销声匿迹。

那样的日子我们经历了很久，所以我们深信追求规模就是商业成功的钥匙。但时至今日，规模效益已不再，甚至还变成削弱竞争力的重要原因。

两大原因导致了这一变化。

第一个原因是"边际成本[2]归零化"。杰里米·里夫金在其所著《零边际成本社会》一书中指出，各个领域的边际成本几乎都变成了零，另外，自19世纪以来，垂直统合型的大型企业持续辉煌，这些企业因规模宏大而具有"规模效益导致边际成本低廉"的优势，但在不久的将来，这一优势将不复存在。

第二个原因是媒体及流通的变化。在20世纪后半期网络普及之前，人们为了向社会宣传服务与商品，不得不依赖报纸和电视等传统新闻媒体。

这些媒体采用的都是同一种模式，即不设定小目标，而是开发必然符合多数人喜好的商品和服务，然后通过电视和报纸等媒体传播，并通过巨大的流通机构销售。

也就是说，不仅仅是市场手段，广告和流通的框架也决定了商品和服务的样态。其结果就是，对一些无法利用媒体和流通架构的小规模服务和商品极其不利，但有些企业则会产生强烈的规模效益，它们采用的战略模式是大量生产大众化产品，然后耗巨资进行营销，接着通过媒体和流通架构卖光产品。

但是近来，媒体和流通的情况发生了很大的变化，小规模的个人企业家也可以就各种关注、意图以及寻求的"意义"进行细致交流。

反过来说，正是这种曾经必胜的"追求规模效益型的商业模式"——用大量的广告去宣传量产产品，然后通过巨大的流通机构将商品卖完——造成媒体和流通发生了变化。

趋势 6　寿命延长与事业短命化

如今，发达国家的人口平均寿命持续延长，恐怕在不久的将来，"百岁时代"就将来临。

在平均寿命达到 100 岁的时代，人们要工作到多少岁呢？对于这个问题，现在无法给出准确答案。但有一点能肯定的是，"60 岁退休"这种我们觉得很老套的人生模式，那时应该已经不通用了。

伦敦大学琳达·古兰登和经济学家安德鲁·斯科特曾合著《人生·转变》一书，指出，如果到了百岁寿命的时代，为了赚取退休后的储蓄，所有人都必须工作到 80 岁。也就是说，暂且不论具体的年龄，但比起我们爷爷奶奶的时代，我们中的很多人都必须工作到高龄。

另一方面，各种统计数据显示企业呈长期短命化倾向。比如美国的 500 家 S&P 企业的（以"美国代表性企业"为标准筛选出的企业）平均寿命在 20 世纪 60 年代约为 60 年，而如今连 20 年都撑不了。

这个时代，人们通常在 20 岁前后开始工作，60 岁前后退休，企业的平均寿命长于大多数人工作的时间，而如今，这个关系却颠倒了，很多人工作的时间比企业的平均寿命更长。

通过以上论述，我们的结论已显而易见。也就是说，很多人在一生中会被迫多次换工作。我们一般都无条件赞赏"一条路走到底"或者"一生为一家企业奉献"的工作模式，

Old Type 就被这种价值观所束缚，但在风云变幻的世界，当 Old Type 面临风险时，企业就会变得不堪一击。

与此同时，虽然 New Type 迄今为止饱受批评，但正是它化风险为机遇，令企业更灵活、更成功。这种 New Type 的生存方式曾被批"坐下不动""没有节操""没有一贯性"，也就是还没搞清楚何为本职就从事多个工作，立志在职业生涯中的每个阶段都大刀阔斧地实行改变。

以上就是促使 Old Type 变成 New Type，即"迄今为止成功的人才"转变成"现在开始会成功的人才"的六大趋势。

那么，这些趋势具体导致人才必要条件发生了怎样的转变呢？下面就让我们分别从"价值创造""竞争战略""思考方法""工作风格""职业战略""学习能力"和"组织管理"这 7 个方面进行分析吧。

1　吉田兼好，日本镰仓时代末期到南北朝时期的官员、遁世者、歌人（注：专门创作和歌的人）、随笔家，日本三大随笔之一《徒然草》的作者。本句意思是"世界虽然无常，但也因此而美妙"。

2　经济学用语，指生产量增加一个单位时增加的费用。

THE RISE OF
NEW TYPE

第 2 章

New Type
创造价值

——从解决问题到设定问题

发现问题

Old Type ▶等待他人给予问题，然后寻找正确答案

New Type ▶寻找、发现及提出问题

1 发现问题比解决问题更重要

> 电脑等物件并无用处，它们能做的不过是给出答案。
>
> ——巴勃罗·毕加索

问题稀少、解决能力过剩的时代

迄今为止很长一段时间内，社会中"能解决问题的人=problem solver"都受到极高评价。因为自原始时代以来，我们的社会常常受到"不满""不安""不便"等众多问题困扰，而解决这些问题就能创造巨大的财富。比如"想温暖地度过寒冬？"——那就请用暖炉！"想在不淋雨的情况下舒适地前往远方？"——那就请开汽车！

但是今后，这种"擅长解决问题的人"作为 Old Type

或将快速失去价值。

商业一般通过"发现问题"和"解决问题"来创造财富。过去，社会中"问题"很多，这就意味着决定商业规模的瓶颈在于"解决问题"这一环节。正因为如此，20世纪后半期长达数十年间，"解决问题的人""找出正确答案的人"在劳动力市场受到极高评价，并有可能获得极高的报酬。

但是，正如那些已呈主流趋势的现象所示，这种瓶颈关系如今正在颠倒，即变成"问题稀少"而"解决能力过剩"。

"问题"在变少，如果商业是由"发现问题"和"解决问题"组合而成，那么今后，商业的关键就在于如何发现并提出问题，而"发现并向他人提出问题的人"就会作为 New Type 而受到极高评价。

另一方面，过剩的"解决能力"今后将不会获得像之前那样的高度评价及高额报酬。也就是说，迄今为止备受赞誉的"问题解决者 =problem solver"作为 Old Type 会快速失去价值。各种现象都在暗示着这种变化。

MBA 应募者减少——"正确答案"正在商品化

据《华尔街日报》2018年10月报道，美国 MBA 的应募数连续4年较前一年减少，且包括哈佛大学和斯坦福大学等精英名校在内，应募数均呈减少趋势，《华尔街日报》形容称"Degree loses luster"，也就是失去了学位的光辉。究竟发生了什么呢？

"经营大学院"这种学校是让学生系统性学习相关技术和知识以解决经营问题的地方。但就像我们已经在第 1 章的趋势中所指出的，在正确答案商品化的世界中，"找出正确答案的能力"并不会得到很高的评价。

为什么会这样呢？因为即使某个个人或组织能够给出"正确答案"，但那个"正确答案"和其他个人或组织给出的答案并无两样。经营的目的是寻求本质上的差别化，因此即便在逻辑上是"正确答案"，但在经营层面却不是一个"好的答案"。[1]

如果是在 20 世纪后半期，MBA 学位持有者在劳动力市场中就会获得高评价和高报酬，因为当时持有 MBA 学位的人相对稀少，而市场中的"不满、不安、不便"等问题堆积如山。

人们看到这种情况后，认可了 MBA 这个学位的经济性价值，于是纷纷敲开商业学校之门，因此 MBA 学位持有者的数量中长期持续地增加，最终导致解决商业问题的能力如今陷入供给过剩的状态。

财富价值的决定性因素变成了供需平衡。在问题稀少化的世界，如果"解决问题的能力"供给过剩，那么其价值自然就会降低，而 Old Type 至今仍在追求"找出正确答案的能力"，所以它在这种时代或将快速失去价值。

人工智能的冲击——低价入手巅峰头脑

对"解决问题能力供给过剩"造成冲击的就是人工智能的普及。

2011年，即我执笔本书的8年前，IBM的人工智能"沃森"出演了美国人气电视节目《Jeopardy!》（见图2），它与身经百战的答题王比拼并取得了胜利，因为答题节目需要的就是"找出正确答案的能力"，而人工智能在特定领域"找出正确答案的能力"已经凌驾于最高水平的人类智慧之上。

图2　出演《Jeopardy!》的 IBM 沃森

或许会有人对此提出反对意见，认为"沃森十分昂贵，在性价比这一点上不如人类"。的确，"费用"很重要。1965年公布的 NASA 报告中曾记录过一则反驳意见，"人类是成本最低的非线性全功能计算机系统，而且重量只有70千克左右，非常轻便"，这是在反驳"为什么宇宙飞船能够搭载人类"。

也就是说，因为人类"轻便、便宜且性能高"，所以才让人类搭乘宇宙飞船而不是计算机，如果要推翻 NASA 的观点，那就是若要"轻便、便宜且性能高"，那么无论是人类还是人工智能都可以做到。而且现在这个时代，人工智能比人类的成本更低、性能更好。

1997 年国际象棋的世界冠军赛上，IBM 深蓝取得了胜利，在将处理能力增强 5 倍后于次年面向大众出售。当时的销售价格大约为 100 万美元（约 1 亿日元），但如今，即使是量贩店出售的家用电脑，如果加强记忆和硬盘功能，其计算能力也能够达到同等水平。

也就是说，仅仅 20 年的时间，在家电量贩店就能买到原价 1 亿日元左右的人工智能。[2] 这就是所谓的"穆尔定律"的恐怖之处。

关于穆尔定律，有人认为半导体素子的大小甚至已经接近原子，所以在不久的将来或将达到极限，假设这个定律在今后一段时间内持续作用的话，那会发生怎样的变化呢？

根据穆尔定律，半导体的集聚度每 18 个月就会扩大 1倍，因此 2 年后就会变成 2.52 倍，5 年后就会变成 10.08 倍，10 年后就会变成 101.6 倍，20 年后就会变成 10321.3 倍。

如果引用深蓝这个实例来解释，就是 1998 年价值 1 亿日元的东西，在 20 年后的 2018 年跌至几十万日元，经计算，10 年后，只用 100 万日元就能买到原价 1 亿日元的人工智能。

　　沃森在《Jeopardy!》获得优胜是 8 年前也就是 2011 年的事情。假设当时沃森的价格为 1 亿日元，那么根据穆尔定律，我们马上将会迎来一个时代，那时，我们用 100 万日元就能买到同等性能的人工智能。

　　日本法定最低薪水一年折合约 200 万日元，如果这笔费用的半数都进了特定领域里顶尖人才的腰包，那造成的影响何其巨大可想而知。

　　用远低于雇人的费用就可以获得与顶尖人才"解决问题能力"媲美的能力，而且这个头脑可以 1 天 24 小时不间断工作，也无须有目的地提高它，更不用给它带薪休假。

　　很多经营者都抵触无情地抛弃人类职员然后更换成人工智能的做法，但同时，个别企业因为备受激烈的市场竞争煎熬，因此，刻不容缓地需要提高生产率的方法。

　　如果实现了人工智能替代人类，那么"找出正确答案的能力"就会处于极端的供给过剩状态，人类所拥有的这种能力将失去价值。在这样的时代，至今仍然追求偏差值等"找出正确答案的能力"被称为典型的 Old　Type 思考方式。

构思能力衰落导致"问题稀少化"

Old Type 擅长解开他人给予的问题，而 New Type 则是找出并向社会揭示无人注意到的问题。为什么 New Type 能够找出无人注意到的"问题"呢？

让我们从最开始的"什么是问题"这一点来思考吧。

在解决问题的世界里，"问题"被定义为"希望状态和现实状态不一致的情况"，也就是人们将"希望状态"和"现实状态"之间的"差异"定义为"问题"。

因此，如果无法定义"希望状态"，也就无法明确定义问题，即对于无法准确描述"希望状态"的主体，就无法定义问题。"问题稀少化"这个"问题"的本质就在这里。如果听到"缺乏问题"，人们可能会觉得缺少的是能确切定义的"问题"本身，但其实并非那么简单。

"缺乏问题"这种状况是构思能力衰落导致的结果，构思能力原本让我们思考的是"世界就应该是这样吗"或"人类就应该是这样吗"等问题。

我们将"希望状态"表现为理想，也就是说"缺乏问题"和"缺乏理想"是一个意思。

无论是企业经营还是国家运行，抑或是地区团体的存续都是一样的。国家、企业或地区团体的"希望状态＝理想"明确后，各机构应该研究的问题才有可能明确化。所谓产生不了问题，简而言之就是缺乏"应有状态＝理想"。

换句话说，所谓 New Type 即常常思考并描绘自己独有的"希望理想形象"的人，他们通过构思这一形象，将眼前现实和构思做对比，找到差别然后发现问题。

日本陷入困境的原因在于"缺乏问题"

"解决问题的能力"供给过剩而问题稀少化，意味着商业的瓶颈从"解决问题的能力"变成了"发现并提出问题的能力"。

这个转变波及全球企业，其中受到较大影响的就是日本，因为日本的商业领袖在迄今为止很长一段时间内都是十分擅长"解决问题"的人，却几乎没有人"主动提出问题"。

自明治维新以来，人们常常被明确地给予"应该实现的目标"，然后为此努力即可。在国家政治和军事方面，主要以德国和法国为典范，在企业经营方面，则主要以美国和英国为典范，将这些模式和本国进行对比，然后弥补明显的差异即可。也就是说，日本的社会和组织领袖至今一直未曾培养构思理想的能力。

刚才我们指出过"所谓问题就是差异"，对吧？这也就是说，在以前的日本，"问题"就像是一种天然资源，即使放任不管也会源源不断，但这只是一种极端幸运的情况。

从 7 世纪的遣隋使时期到 20 世纪后半期，日本的"问题"通常明确地表现为日本与发达国家的差异，这种"幸运的情况"持续了1000多年。进入20世纪80年代后，发生了令人极度困扰之事，那就是即便拿欧美的企业及社会和日本相比，也找不出明确的差异。1979年，美国社会学家埃兹拉·沃格尔所著《日本第一》成为世界性的畅销书。

史上头一回"没有应该追随的先驱者"的情况就发生在这个时期。关于这一点没有什么可说的，但我认为这个时期对于日本历史来说是一个决定性的转折点。

人类学家丸山真男在《日本文化隐藏的外形》一书中指出，日本人的基本态度是"观望"。就是说日本人认为总有某个外部文化比本国文化更高级，"好的东西"常常来自外部。

即便通览日本思想史，也找不出宗教社会中常见的"内容"，但"样式"是存在的，即"无批判地接纳并吸收外来物"这种文明包容的态度。

正因为如此，"解决问题的人"迄今为止一直备受社会的高度评价。为什么会这样呢？因为"问题"中有财富，解开问题就会产生一些财富。

但是今后，"解决问题的能力"将渐渐低廉化，变得供给过剩，同时，寻找"问题"变得困难。在这样的社会，比起"解决问题的人 =Old Type"，"发现并提出问题的人 =New Type"更受好评，关键在于后者拥有"构思社会和人类应有状态的能力"。

总　结

原始时代至 20 世纪后半期，我们的日常生活中有很多的"不满、不便、不安"，通过解决这些问题可能会创造出很多财富。但是，20 世纪后半期以后我们的生活不再有大的问题，相对地，解决问题的能力就陷入了"供给过剩"的状态。

受这种变化的影响，迄今为止受到高度评价的"解决问题者 =problem solver"作为 Old Type，今后价值将急速减损，同时"发现并提出问题的人 =agenda shaper"作为 New Type 则会备受好评。

问题可以被定义为"应有状态"和"现实"的差别。如今"问题稀少化"是由于构思根本性"应有状态"能力的衰退。

New Type 首先构思"应有状态"，然后从"应有状态"和"现实"的差异中发现"问题"，人们通过这样的方法来明确应该埋头研究的"问题"。

因为竞争力的源泉从"解决问题的能力"转变成"发现问题的能力"，日本企业受到了很大的影响。迄今为止外部给予的无穷无尽的"应有状态"变得不明确，因此今后需要自己构思。

设定问题

Old Type　▶不探究问题本身，一味追求创新的解决方法
New Type　▶不拘泥于方法，致力于发现和解决问题

2　优秀的"问题"比创新的解决方法更重要

不再争论什么是善良，做一个善良的人如何？
——马尔克·奥列里乌斯·安东尼·奥古斯都 [3]

创新停滞的真正原因是"问题稀少化"

"问题稀少化"和"构思力衰退"这两个问题还与"创新停滞"有关。近来，很多日本企业提出创新等经营问题，并进行各种组合。但我觉得那些组合几乎都是闹剧。为什么这么说呢？因为那些组合并未设定想解决的问题。

如果问当事人"什么是问题"，那么大多数人会回答"实现创新就是问题"，这是 Old Type 的典型回答，而 Old Type 在本质上对创新有所误解。

创新无法成为"问题"，因为为了解决问题而采取的方

25

法才是创新，如果将其设定为目的，那么在此基础上从事的事业就不足以正式化，因此只能是闹剧。

将创新这种方法替换成目的的做法象征着如今商业的停滞与混乱。

原本，商业应该只是产生一些财富或者解决某些社会问题的"方法"，然后作为回报得到报酬。"企业创造的财富"和"企业解决的问题"本应保持本质意义，但如今，它们却背离了商业的本意，许多企业只将"生产率"作为目的，根据"销售额"和"收益"计算得出"生产率"，如此一来便粉碎了人的动力——这就是典型的 Old Type 模式，即丧失本来的目的和意义，仅以生产率为目的进行商业活动。

我撰写《全球最创新组织的构成法》一书时，采访了一些作为创新者而备受赞誉的人，然后我通过这些采访发现了一个喜剧性的事实，那就是"没有人是为了创新而创新"。

他们绝对不是因为想要创新而工作。他们通常有一些十分明确的、具体的"想要解决的问题"，比如"这种问题能解决的话就非常好""如果这种事情能实现就很愉快"，他们会为了解决这些问题而采取一些方法，因为这些方法偶尔会是划时代的，所以周围人称赞这些方法为"创新"，但并非他们原本追求的就是"创新"。

舆论造成人们错将只不过是方法的"创新"当作目的并追求，这就变成了 Old Type。

但为什么 Old Type 仅追求方法的创新呢？

理由很简单，因为这样就能获得"创新者"这个称号并受人尊敬。目标在于解决现有问题的结果就是偶尔会创新的"真创新者"以"解决社会问题"为目标埋头工作，而"假创新者"一开始就只不过是将方法的创新作为目的，他们以"提高自身价值"为目标埋头工作。两者"创造价值"的方向完全相反。

"创新的方法论"为什么没有成果？

20世纪初期，克莱顿·克里斯坦森所著《创新的窘境》一书在全球范围内畅销。自那以后，众多研究者及实干家研发出了"实现创新的方法论"。

例如起源于斯坦福大学的"设计思考"就可以说是其中的典型。如今，不少设计工作室、咨询公司、商科学校都豪言称他们"开发出了实现创新的方法论"，还召开了许多推介会议与研讨会。

但是，尽管这样的状况持续了20年，却未曾听闻日本企业产生过能席卷世界的创新。这究竟是怎么一回事呢？

各个公司宣传的"创新的方法论"为什么几乎毫无成果呢？——除了在上一节中我们曾指出的"问题稀少化"，在这里我还想分析"创新这个目的本身成为制约"这一点。

创新的定义非常混乱，坦白说并不存在明确的定义，众多经营学家和实干家都给创新下过定义，如果从中提炼最普

遍的必要条件，那么可以归纳为"作为方法论的创新性"和
"产生的经验价值的大小"这两点。

如果将这两个必要条件比喻成棒球场的左右两侧，那么
所谓创新就是商业领域中的"中外场挡板本垒打"（见图3）。

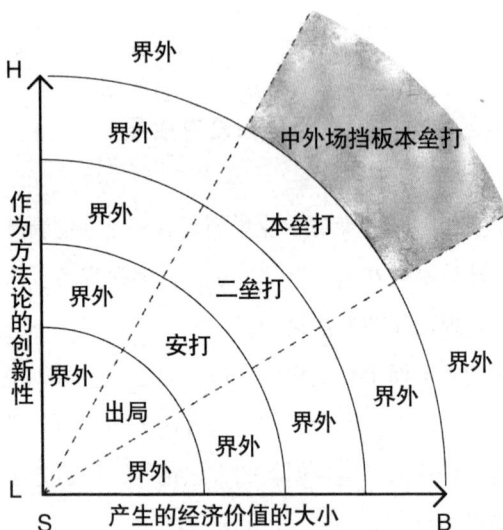

图3 什么是创新?

无论方法论有多创新，如果产生的经济价值小，那就称
不上"创新"。典型例子之一就是摄位车，它虽然被称为世
纪性大发明，但是最后却毫无盈利，还有苹果公司推出的掌
上电脑"牛顿"，它虽然作为世界第一台掌上电脑而备受期
待，但并未产生很大的经济价值。

相反，无论产生的经济价值多大，如果没有作为方法论的创新性，那么依然称不上"创新"。任天堂的 Wii 或者服装业的优衣库虽然都取得了巨大的经济成果，但如果要问这是不是创新，应该有很多人都会表示怀疑吧。

能不能最终作为创新被"认识"必须具备以上两个条件，但还存在两个问题。

第一个问题，"经济价值的大小"是一个不确定性极高的必要条件，无法提前确切预知。当然，任何人都希望能把事业做大做好，但实际上，事业产生的经济价值的大小很大程度上会受到经济环境、竞争状况等外部因素的影响，无法事先进行准确的预测。也就是说，这是不可控的因素，无论构建多细致的方法论，也无法从本质上驾驭它。

同时，如果回顾过去的创新就会发现，我们在很多情况下只能"结果性"地获得规模，几乎无法从一开始就预计。例如众所周知的索尼公司随身听一事，因"销售数量"无法预计，营业本部长坚决反对将其产品化。

又如始创于 1987 年的美国医药公司吉利德科学公司，这家公司如今凭高销售额而跻身世界大型医药公司 TOP 10，但它的巨大成功其实得益于抗病毒剂，这种抗病毒剂原本无人认为能获取利润，也无人愿意从事相关事业。

众所周知这是悖论。如果创新的必要条件中加入"经济价值大小"一条，那规模预测不透明的项目就会被规避。但是，因为创新这种行为不可避免地伴随着极高的不确定性，因此如果将规模也作为必要条件，那么就要舍弃可能会发生极大变化的想法。

第二个问题是"作为方法论的创新性"。根据其原本的定义，它是一种与"方法"相关的评价指标，但若将其当作一种目的，就变成了本末倒置。它也和"我们为什么要工作"这个根本性疑问有关。

我们发展事业、推动社会发展，是因为我们想创造出某些真正的财富，或者想解决社会性问题。重要的是能不能达成这些目的，而不是诸如"方法论是否创新"这种无关紧要的问题。如果说得极端一些，即便采用魔法和忍术也没关系。[4]

但是，"创新"这个定义已经包含了与方法论相关的必要条件。这也就是说，如果将"创新"这个方法设定为目的，则意味着方法也会产生束缚。而这为什么会成为问题呢？因为我们缩小了"方法论的选项"。

在经营上，"选择的自由度"是事关成败的重要问题。正因为如此，金融理论认为"选择的自由度"存在经济性价值即选择价值。但是，"创新的方法论"却对源自其语义、为了提供价值而形成的方法论造成了束缚。

这就是第二个问题，即创新是"作为结果形成的认知"，而不是人们从一开始就以创新为目标而努力产生的。

如果用之前提到过的棒球来比喻，那么，击球员进入击球区时首先瞄准的是"击打攻垒"，如果借用数学上的表达，这一行为不过是"提高得分的期待值"。

当然，如果增加击打的数量，那么场外本垒打的数量也应该会随之增加，但如果一开始就以此为目标进入击球区的话，那么连正常的击打都做不到。

开放式创新无法成功的原因

开放式创新曾是一大热潮，但不久之前却在众多组织中停滞，这个问题也能对此作出解释。

开放式创新，简单来说，就是对于组织内部发生的问题，从组织外部募集解决方法。这样解释的话，人们会认为这自然是有效的，但虽然曾经大肆宣传，却并无成功案例。问题出在哪里呢？

通过调查迄今为止的研究论文，我们发现这些论文虽然都指出了"不允许失败的人事制度成为阻碍""缺少推动开放式创新的人才""缺少寻找合作方的机会"等表面性问题，但恐怕这些问题得到解决，开放式创新也没法儿成功吧。

为什么会这样呢？因为现在的状况是，理应通过开放式创新回答的"问题"十分枯竭。开放式创新是一种思考方法，灵活运用外部的知识与经验解决自己无法回答的问题。这种情况下，从源头设定问题的是我们自己，而我们从外部寻求的只是解决问题的方法。

但是，如今很多组织原本就未明确"应该解答的问题"。很多企业开放式创新的实际情况是，在想要解决的问题尚不明确的情况下却反复强调"没有想赚一些利润的想法吗"。这只是典型的 Old Type 的思考模式。若缺乏能产生共鸣的问题，那么无论募集了多少来自外部的想法与技术，也无法产生巨大的影响。

而同时，New Type 则会以"发现并解决重大问题"为目标。因此，对于 New Type 来说，开放式创新仅仅是一种方法，而不会成为目的。但是很多企业将"实现开放式创新"作为目的，而实际上将"想解决的问题"弃置一旁。错把方法当目的，只追求创新——这就是典型的 Old Type 的思考方式。

摄位车为什么会失败？

像先前说的那样，New Type 以"设定优质问题"为起点推动创新。也就是说，重要的是"问题的设定 =agenda shape"，这也暗示了徒劳地追求先进技术无法实现创新。

虽然不否认技术的创新与大型商业的萌芽有关，但如今，基本的生活需求都能得到满足，在大问题尚不明确的情况下，即便追求创新的技术，也产生不了创造巨大财富的商业。

稍加思考就知道，这个事实实际上是理所当然的，而摄位车就恰好以容易理解的形式清清楚楚地展现了这一点，尽管它在 21 世纪初期被誉为"世纪大发明"且被大肆宣扬，但销售却十分低迷。

很多"有眼力的人"对此也十分疑惑。史蒂夫·乔布斯看过试验品后赞叹这是"自电脑发明以来最惊艳的科技产品"，还提出想要 10% 的股份，甚至在被拒绝以后，一反常态地提出愿意无偿担任发明者的顾问。

不仅乔布斯如此。亚马逊创始人杰夫·贝佐斯也被试验品迷住，马上参与进来，对发明者打包票称"这是革命性的产品，必将大卖"。

谷歌有一位知名投资家约翰·杜尔，他曾因其他投资而获得极大成功，也为摄位车事业投入了 8000 万美元的巨资，除了公开称"或将在史上最短时间内达成 10 亿美元的销售额"之外，他甚至断言其影响"或将凌驾全网"。

图 4　被誉为世纪大发明的"摄位车"

当然，这个说法是一种预言，令与这项事业相关的股份持有者处于更有利的情况，也可以认为是一种信息操作。因此，我们并不知道他们内心对摄位车究竟作何预测。

不管怎样，这个产品推翻了很多人的预测，即便过了十多年依然没能盈利，也没能改变社会。

但摄位车的确是个划时代的产品。我自己也用过，我承认，它充满灵感，让人感受到"交通工具的未来"，它身上的某些特质也令接触它的人觉得很兴奋。但是，这个产品并未被社会所接纳。

最终，摄位车只不过是一种"目标问题不明确的产品"。

这个案例告诉我们，无论采用的技术多先进，如果无法解决一些社会性问题，那么创新就无法产生很大的价值。

这里又体现了 Old Type 和 New Type 的对比。的确，如果是像以前一样物质匮乏、社会问题堆积如山的时代，那么人们对于科技和创新应该有很大的需求，因为它们能从技术上解决问题。但是就像之前说的，在如今这个社会，解决方法过剩，至关重要的"想采用方法解决的问题"却在不断减少。在这种社会，我们不得不将"徒劳地追求技术主导的创新"这种方式称为落后于时代的 Old Type 的思考及行为方式。

另一方面，New Type 不追求作为方法的创新与技术，而是像激光一样聚焦于"想要解决的问题"。

总　结

创新停滞的原因是"问题稀少化"。如果无法定义优质问题，那么作为解决方法的创新也会停滞。

没有创新者是为了创新而创新。他们常常有具体的"想要解决的问题",然后用划时代的方式去解决,结果这个方式就被称为创新。

创新由设定优质问题与新式解决方法结合产生,是一种结果,而 Old Type 的思考方式却从一开始就把它设定为目的。

开放式创新的停滞也和"问题"匮乏有关。在问题不明确的情况下,即便徒劳地追求解决方法,也无法创造出大型商业。

New Type 坚持追求"设定并解决问题",其方法论是划时代之物,其产生的经济价值如果很大,那么最后可能会被誉为"创新",但 Old Type 的思考方式却从一开始就将其作为目的。

构思力

Old Type ▶预测未来
New Type ▶构思未来

3 我们应该"构思"而非预测未来

> 这么大规模的经济危机，为什么没有一个人能预测到呢？[5]
>
> ——伊丽莎白女王
>
> （2008 年全球金融危机最盛时期，到访伦敦政治经济学院）

某些人的决策造成如今的景象

在问题稀少化的世界，"构思未来的能力"变得颇有价值。为什么会这样？因为所谓问题就是"应有状态"和"现状"之间的差别，而要描绘"应有状态"就必须具备"构思未来的能力"。

但是，在近来的商业中，人们只争论"预测＝未来会变得怎么样"，却容易忽视"构思 ＝ 想怎样构建未来"这个更为重要的论点。

接下来，让我们就"预测与构思"这个问题进行思考吧。

首先，请看下一页的图 5 和图 6。这是计算机科学家艾伦·凯[6] 在 1972 年发表的论文《一款适合各年龄段儿童的个人电脑》当中，为了说明"便携式个人电脑"这个概念而使用的图解。

很多了解这个事实的人恐怕都会觉得"太厉害了，半个世纪前就预测到了会出现便携式个人电脑终端设备"！但那完全是误解。

艾伦·凯并不是先预测然后再描绘未来，而是认为"如果存在这种东西将会很棒"，所以他将这个形象具体化，激励众人。也就是说，艾伦·凯所做的并不是"预测"而是"构思"。

在咨询公司和智囊团，很多客户都会前来咨询与"预测未来"相关的事情。他们想探讨的都是诸如"未来会怎么样？对于未来应该做什么准备？"这类问题，但我觉得这对个人来说实际上毫无意义。[7]

在越发 VUCA 化的世界，还想着请别人预测未来、拜托别人考试学习这种"倾向与对策"，可以说就是被称为浅智慧的典型的 Old Type。

图 5 便携式个人电脑的使用

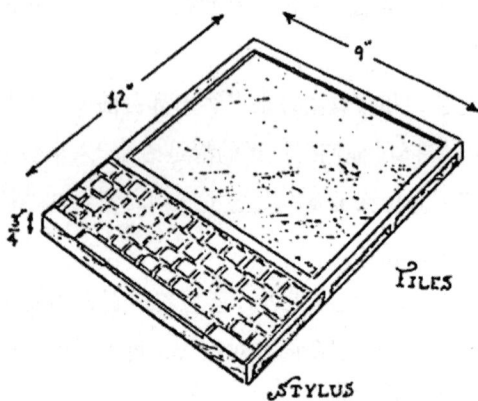

图 6 便携式个人电脑的使用

另一方面，New Type进行的则是构思而非预测，他们思考的是"想怎样构建未来"而不是"未来会怎么样"。

我们如今生活的世界并不是由无数个偶然组成，而是根据某些人在某些地方所进行的决策集聚而成。同样地，未来世界的景象也取决于人们从这个瞬间到未来之间的行为。

如果是这样的话，那么我们真正应该思考的不是"未来会怎么样"，而应该是"想怎样构建未来"吧。

活跃于20世纪后半期的艺术家约瑟夫·博伊斯提出过一个"社会雕塑"的概念，他认为所有人都应该是艺术家，都用自己的美丽感性与创造性对世界形成有所贡献。如果我们个人的理想对世界的形成有所贡献，那么对与许多人相关的预测等来说又有着怎样的意义呢？

让我们来总结一下。像现在这样复杂又不透明的VUCA化世界，在预测的基础上思考安身之计等只不过是Old Type的模式，而New Type则是构思未来，然后为了实现构思的未来而提出意见，采取行动。

重要场合下预测落空

接下来我们来说一说"预测也没用"的第二个简单的原因——"在重要的场合下，预测必定落空"。

例如近年有一个典型案例，就是2008年的全球金融危机。2007年夏天，所有人都看到了次贷危机，在这里，让我们来回顾一下金融机构智囊团在那之前的预测。

国际货币基金组织（IMF）（2006 年 4 月发表）。

尽管不久前金融市场发生了短暂的混乱，但世界经济在 2007 年、2008 年预计依然会维持高速发展。虽然美国经济较之前预想略微减速，但对其他国家的影响是有限的，世界经济将持续增长。

第一生命经济研究所（2007 年 5 月发表）。

虽然暗示景气减速的经济指标有所增多，但这样的景气减速只不过是轻微的，景气的恢复基调不会崩坏。海外景气的减速和 IT 部门的调整预计只是轻微的，除此之外，尽管设备投资也会有所减速，但行情依然坚稳发展。

三菱 UFJ 研究 & 咨询公司（2007 年 5 月发表）。

出口和个人消费的扩大对经济增长有所贡献，同时，内需支柱之一的设备投资较前期每 5 个季度减少 0.9%……但到了今年后半期，景气会再次加速。美国经济的减速反而促进了日本的出口。着重于数码相关产业的库存调整，生产将持续扩大。

我们就列举这么多吧。简而言之都是一个意思，即"近几年的景气扩大今后也将持续"。但是金融危机在 2007 年夏天发生次贷危机时就有了端倪。也就是说，很多智囊团和金融机构在那之前，在周围情况已经崩坏的情况下依然预测称"应该没事"。

尽管我们在历史上已经经历了很多次这种事情，但依然有人前赴后继地追求"预测",这到底是怎么回事?

如今,社会正在跨入比过去更难以预测的 VUCA 时代。当这样的时代来临,Old Type 却依然以"预测"为基础决定行为方式,其各种行动必将落后于环境变化并变得被动。

另一方面,New Type 在那样的环境变化下则先下手为强,他们会率先取得主动权,然后畅通无阻地在社会上活动,从而更有利地推动事物发展。

我们不能忘记的是,周围大多数的环境变化并不是像天气变化那么自然,而是由某处的某些人取得主动权所驱动的。

从原理上来说无法"预测未来"——连人口预测都失败的原因

我本人在战略咨询公司工作的时候也做过很多有关"预测未来"的项目,我常常觉得,"预测未来"这个行为包含着本质性的悖论。

预测原本是人们因为发生"无法预料之事"而感到极度困惑才做的事情。如果未来位于现状的延长线上,那么谁都没有预测的必要。

"无法预料之事"是无法预测的,这一点毋庸置疑。你想啊,如果能预测的话,那就不可能是"无法预料之事"了。

预测经营的未来时,人们运用的是所谓"情景规划"的方法,即着眼于"过去曾发生的最恶劣的事情",然后猜想

"worst case senario"，即最恶劣的情况，再运用这个情景去测算未来的风险，这种方法也被称为"强度测试"。读到这里，你是否注意到这个方法存在"本质性的矛盾"？

过去发生的"最恶劣的事情"就是指在发生当时，比当时"最恶劣的事情"更恶劣的、前所未有的事情。

虽然我在这里花了很多笔墨，但我想说的其实不是预测"很难"，而是"从原理上就是不可能的"。同样指出这一点的还有因《黑天鹅》《反脆弱性》等世界畅销书而知名的思想家纳西姆·尼古拉斯·塔勒布。让我们摘录一些他的言论吧。

公开座谈讨论会与会者之一、当时大型国际机构的副专务理事加藤隆俊先生坐在那里。他在小组讨论前用简单的 PPT 演示了他和他的部门对 2010 年、2011 年、2012 年、2013 年、2014 年的经济预测……这个时候，应该问他对（发生危机的）2008 年和 2009 年的 2—5 年前，即 2004 年、2005 年、2006 年、2007 年做过怎样的预测。这样的话应该就能证明这一点——说得委婉些就是，其实受人尊敬的加藤先生和他的同事们并不擅长预测。并不只是加藤，在预测政治和经济罕见事件方面，我们的成绩并不是接近 0 分，而就是 0 分。

——纳西姆·尼古拉斯·塔勒布《反脆弱性（上）》

预测是不可能的，即没有任何一件事情始于当下。比如近来，日本预测少子化将导致人口减少，这一预测因令人们产生危机感而备受争议，但你是否知道，其他国家过去关于"少子化导致人口减少"的预测几乎全都落空了？

比如20世纪初期，有一段时间英国的出生率大幅度下降，政府和研究机构基于各种前提做了人口预测。如果现在回顾他们做的17种人口预测，我们会发现其中14种预测了人口减少，结果落空，剩下的3种虽然预测了人口增加，但远低于实际人口增加的数量。

从结果来说，20世纪初期英国的这个案例中，实际人口远超政府和智囊团总结的17种人口预测。

另外，美国的出生率也从20世纪20年代开始下滑，到20世纪30年代还在持续下降。基于这个事实，美国在1935年发表了人口预测，预测1965年人口将减少至2/3，但结果却大相径庭。

第二次世界大战一开始结婚率就突然升高，出生率也随之大幅上升，其结果就是1965年人口不但没有减少，反而迎来了生育高潮。

某些领域像人口动态一样，进行严格统计后能够比较容易地进行相对性的未来预测，可即便是这些领域也是一副丑态，其他领域就越发惨不忍睹，典型例子就是咨询公司和智囊团等进行的"未来预测"。

1982年，当时全美最大的电话公司AT&T委托麦肯锡咨询公司预测"2000年时手机的市场规模"，麦肯锡最终给出的回答是"90万台"，但这项预测完全错误，市场规模最终轻松突破了1亿台。

基于这个可悲的预测，1984年，AT&T时任主席兼CEO布朗作出了一个致命性的经营决策即变卖手机产业，自那以后，AT&T便落后于手机化的潮流，经营上也备受阻碍，最终被脱离自集团企业的SBC收购，迎来毁灭性结局。

虽然这项预测应该花费了巨额的调查费用，又采用了超一流的研究人员，但就如"出格"这个词的字面意思，这项预测偏差甚大。因为咨询公司有保密义务，所以如此可悲的项目并未大肆披露，不过在业界工作很久的我却记得这种悲剧"总是发生"。

这并不是咨询公司的能力和预测模式上存在问题，就像我们之前说的，对于非连续性的变化，专家的预测"从原理上来说肯定会落空"。

人工智能抢走工作，我们却束手无策

不要预测未来，而应该构思未来——这个建议正适合用来回答近来人工智能引起的混乱。

在这几年里，各种提倡者和研究机构都预测了"什么工作会被人工智能夺走"。例如2013年，以牛津大学副教授迈克尔·A.奥斯本为中心的研究团队列出了"容易被人工智能取代的职业清单"，并公开发表了分析结果，称"20年后，美国 47% 的被雇佣者都将被机械取代"。

虽然风险这种东西很有趣，但风险预测只会干扰人们而且实际上并不准，所以我们在这里不再单独讨论。我想重新思考的是这个"疑问"的前提，即人们想法的浅显度。

如今，人工智能这种通用性很高的科技变得相当实用，我们必须提出的问题除了"我们通过获得人工智能能开启怎样的可能性呢"，还有"我们通过科技能让人类实现怎样的进化呢"？

回顾历史，我们不可否认科技的进步有利有弊。虽然有些人认为科技存在危险性，并且他们还对发展和社会实装（注：为了保持在理念性阶段而令部分机能具体化）有所妨碍，但回顾历史后我们发现，这些行为最后都以失败告终。

也就是说，我们在科技的进步中无法刹车。这样的话，我们只能成为乐天派。在不断进化的人工智能前呆立不动，预测"谁夺走了工作"——即便我们被这种预测愚弄也毫无办法。像这样在没有结果的预测上花费时间和劳力，对得出的预测感到有喜有忧的就是 Old Type，而 Old Type 会受到环境影响，或将令人丧失人生的主动权。

而另一方面，New Type 思考的则是如何通过利用进步的科技去解决当今社会的问题，通过将环境变化转变为自身的机会，会创造出更大的财富。

总　结

过去很多对于未来的预测悉数落空，尤其是确实很有必要预测的"决定性场合"。这不是预测的优劣问题，而是因为预测这个行为从原理上来说就很困难。

迄今为止的预测在所有决定性的场合下全军覆没，而如今我们进行的很多预测也会如此——在怎样都行的情况下就如预测所示，而在决定性场合下就会落空。

如今，企业策划经营计划时一般会先预测环境变化，然后为了适应预测的变化去策划活动，不过在渐渐 VUCA 化的世界，这样的思考方式已经成为 Old Type。

同时，New Type 则会构思未来，然后为了实现构思的未来而激发周围采取行动。对于取得主动权的 New Type 来说，即将到来的未来必然会"如计划般"而至，而对于预测未来后随之东奔西窜的 Old Type 来说，已经到来的未来就是"晴天霹雳"。

1　出现这样的说法后，有些人（轻易断言的人）就冷不防地断言"经营学的时代已经终结"，但我完全不那样认为。我们必须注意不要把"学位的价值"和"学问的价值"混为一谈。我认为今后经营学这门学问真正的重要性会逐渐增加。

2　当然这计算的仅仅是硬件费用，而深蓝计算机搭载的软件费用即项目的开发费用则另当别论，但无论如何都不会变成"破坏性的低价"。为什么这么说呢？项目的确有可能会因为边际成本为零而产生追加费用。假设为了开发而投资 100 亿日元，但如果平摊到 100 万台计算机，那么平均每台的费用仅为 1 万日元。

3 马尔克·奥列里乌斯·安东尼·奥古斯都（121 年 4 月 26 日—180 年 3 月 17 日），第 16 代罗马皇帝（在位：161 年—180 年），安东尼王朝（也称涅尔瓦王朝）第 5 代皇帝。因为擅长斯多葛派哲学等学问，治国有方，与涅尔瓦、图拉真、哈德良、安东尼齐名，并称为五贤帝。本句摘自马尔克·奥列里乌斯·安东尼·奥古斯都所著《沉思录》。

4 西堀荣三郎是日本首位独立性技术企业顾问，并对日本飞跃性的工业发展有所贡献，他经常对下属说"用忍术也可以"。领导者的工作是"设定问题"，解决问题的方法则应该交给下属处理——这是在西堀荣三郎的生涯中不变的管理方针。

5 对于女王提出的这个问题，经济学家们当时没能给出回答，之后因为要答复女王，他们总结了很多书信。但虽然写了很多，原因简而言之就是"粗心大意"。

6 美国计算机科学家、教育家、爵士演奏家。曾被誉为个人电脑之父。对于开发定向程序及设计用户操作界面做出了极大贡献。有一句名言叫"预测未来的最佳方式就是去创造它"。

7 多说一句，我有 20 年的咨询行业从业经验，因此我觉得让咨询公司预测未来的公司之后大多会和其他公司合并，或者业绩急速下跌。

THE RISE OF
NEW TYPE

第 3 章

New Type 的
竞争战略

——从"有用"到"有意义"

4 能力因"意义"而发生极大改变

> 如果想造船，不是要召集男人然后让他们收集木材，用锯子切割木头，接着用钉子固定。首先应该做的是给他们灌输"划向大海"的热情。
>
> ——安东尼·德·圣·埃克苏佩里

凯恩斯的预言真的落空了吗?

活跃于 20 世纪前半期的英国经济学家 J.M. 凯恩斯曾在 1930 年发表过一篇小论文《子孙后代的经济可能性》（山冈洋一译《凯恩斯劝导论》），他在该文中预言"未来的人每周只需要工作 15 个小时"。他的理由是随着科技的进步，每个单位劳动时间的生产量增加，因此为了满足需求而工作的时间会渐渐减少，最终，社会或将几乎无须人类劳动。

当然，众所周知这个预言最终落空了。但为什么这个预言的逻辑这么简单，结果还是落空了呢？

经济学家在主要观点上达成了一致，他们的结论是：凯恩斯的未来预测中"生产率持续提高"这一点正确得令人惊讶，但"需求总量是固定的"这个前提是错误的。的确，如今的劳动时间和100年前相比几乎没有改变，他们根据这种现状才得出了这样的结论吧。

但是我想提出不同的意见，那就是凯恩斯的预言真的落空了吗？

的确，从表面上看，发达国家现在的劳动时间和凯恩斯时代的劳动时间相比几乎一样，而凯恩斯预测未来人一天只需工作3个小时，所以人们觉得凯恩斯的预测落空了。但不能这样想吧？

凯恩斯的预言其实已经实现了。有史以来，"不满、不安、不便"这些问题一直令人烦恼，而一天中人们只需约3个小时就能完成解决这些问题的重要工作。剩下的时间其实是"虚无劳动"，并不会产生实质性价值。

你可能会对这个假说感到惊讶，但如果细读凯恩斯的这篇论文，你就会发现其实当时凯恩斯自己也预测到了会发生这样的情况。让我们摘录其中一段吧。

　　但是，想到有足够闲暇的富裕时代即将到来时，没有任何一个国家或人会毫无畏惧吧。长年以来，人们在成长过程中一直都被要求努力，而不是享乐。尤其对于那些没有才能的普通人来说，怎样支配闲暇时间是一件令他们害怕的事情。

读了这篇文章，我觉得凯恩斯自己也预测到了这种情况：如果一天只工作 3 个小时，那么对于很多难耐闲暇的人来说，就会产生为了填充多余时间的"没有结果的工作"，然后很多人又因忍受不了这些工作"没有结果"而精神疲惫。

这是第 1 章中"垃圾工作越来越多"这个问题的背景，但这种趋势似乎在全球蔓延，比如伦敦政治经济学院的社会人类学教授大卫·格雷伯在其 2018 年所著 *Bullshit jobs：A Theory*（《垃圾工作论》）一书中曾指出"社会上超过半数的工作都是没有意义的垃圾工作"。

动力作为经营资源正在减少

我们在前面的章节中曾指出，很多工作都是垃圾工作，并未产生实质性的价值，很多组织的研究和调查也暗示了这一点。

例如，社会成员意识调查的龙头公司盖洛普咨询公司的调查结果显示，全世界平均仅有 13% 的职员"对工作抱有十分积极的态度"。

日本瑞可利集团进行的"工作喜悦程度调查"也显示，回答觉得"工作开心"的人占总体的 14%[1]，包括其他调查在内，有八成到九成的人认为自己的工作"可有可无"，找不到"意义"和"价值"。这意味着如今的企业中"动力"作为经营资源正在减少。

在这样的世界，蔑视工作"意义"的形成，然后凭借眼前的工作设定关键绩效管理指标（KPI）并增高关键绩效管理指标数值，希望以此提高生产率就是典型的 Old Type 思考方式。而同时，为工作赋予"意义"，激发从业者工作动力的就是 New Type。

人的动力是个可变量函数——干劲根据"意义"而增减

Old Type 不论意义，一味标榜 KPI 等目标值，呵斥下属，而 New Type 则讲述目的和意义，激发下属的动力，两种 Type 之间，组织对个人的力量产生了极大差别。为什么会这样呢？因为人的动力强弱会因"意义"而产生极大变化。

"人、物质、资本"都被认为是经营资源，其中只有人具有"可变性"。曾在神户大学执教的经营学家加护野忠男指出：

与资本相比，劳动所具有的固有性质是价值的可变性。

——《经营的精神》

物质和资本一旦确定就不会发生量变，但人的能力却会随着领导者所给予的"意义"而随时变化。如果领导者能够通过赋予"意义"激发人产生很多能力，那么这样的领导者就会产生极大的经济价值。

如今，越来越多的日本企业引入了所谓的"人才评价"。一般情况下，企业通过采访和360度评价将个人能力数值化，然后基于评价结果来进行任用、培养及部署。这种方式非常美式，可能听起来很合理，但其实只是一种"浅智慧"，当中存在很大的问题，关键在于错将人类发挥的能力作为静态物。

因为人类发挥的能力会根据这个人被给予的"意义"而发生很大改变。能力并不是静态物，而是会根据具体情况发生很大变化的动态物。如果对一个没有被给予任何意义或赋予任何动机的人进行评价，那么那个人发挥的能力自然会得到很低的评价。

近来，各个组织中都会见到感叹"下属散漫，无法启用"的高层，这是典型的 Old Type 思考模式，他们真正应该感叹的是自己的窝囊吧，即"没有给予下属'意义'，从而没激发他们的工作动力"。

动力是现代社会最大的资源

"意义"对于因他人而激发动力这件事来说十分重要，根据"意义"给予方的不同，人们的工作方式会产生云泥之别，如果这样的话，那么激发"意义"的 New Type 的能力就是决定组织竞争力的关键。

尤其今后在很多组织里，成为核心力量的千禧一代（1980—2000 年出生的一代人）对于有无"意义"这一点的态度十分严苛。

比如咨询公司德勤以全球 29 个国家的千禧一代为对象进行了一项调查，结果显示以就职企业为选择标准，超过六成的人回答重视的是"该企业的经营目的"而不是薪水或产品。

另外，英国《卫报》以千禧一代为对象进行的调查显示，44% 的员工比起高薪，更希望从事以人为目的的工作，36% 的员工认为如果就职公司对社会有所贡献，那么工作意愿也会增强。日本瑞可利职业研究所的调查也曾指出千禧一代的倾向——亦可称为社会贡献志向，也就是说，这代人在选择职业时十分重视"意义"。

虽然似乎有年长者曾指出"最近的年轻人是草食系，没有精神"，但可以说这是典型的 Old Type 评论，只是个人看法，并不能评价世界。千禧一代并非如此，他们更注重"想让社会向更好的方向发展"，表达方式和方向性也和老一辈不一样。

1980年以前，也就是如今的老一辈年轻的时候，那时"物质"稀少、"意义"充足。而如今这个时代，就像之前说的那样，变成"物质"过剩而"意义"稀少。

也就是说，任何时代的"年轻人"对于"当代匮乏之物"都是饥渴的。在物质极度过剩而意义却在枯竭的社会，年轻人自然不会十分渴求"物质"。

在这样的时代，一味将金钱与物质夸得天花乱坠，却又不赋予意义，这样控制别人就是典型的 Old Type 的管理模式，今后不会有效发挥作用。

另一方面，New Type 则会明确"意义"，通常将"意义"作为大背景，然后在此基础之上展示应该解决的任务和目标。

廉价航空公司提出消除战争

进入 21 世纪，很多极具存在感的公司都明确定义"任务"，这是因为他们知道，在这样的世界，要聚集有才之士并全面激发他们的潜在能力，那么"意义"就非常重要。

比如众所周知，谷歌将"整理全世界的信息，打造谁都可以访问的世界"作为它的任务，当有人问史蒂夫·乔布斯苹果公司的任务是什么时，他回答"制造相当于人类大脑的自行车"。这也就是针对"这是一家为了什么而存在的公司"这个"问题"赋予明确的"意义"。

并不是只有谷歌和苹果等最先进的 IT 企业才能做到这一点。即便是普通的企业也可以为自己的存在赋予独特的意义。

比如日本乐桃航空，它作为一家廉价航空公司（LCC）展现出了独有的特色，就让我们以它为例。乐桃航空社长井上慎一原就职于全日空，我曾在他创业时与他面谈，当我问到"乐桃航空是一家为了什么而存在的公司"时，井上社长一面摆出一副"经常听到这个问题"的表情，一面悠闲地即刻回答道："是为了消除战争哦，山口先生。"

廉价航空公司与世界和平的关系并非那么简单。井上社长为十分困惑的我做了如下说明：

"过去，日本与亚洲各国之间发生了一些不幸的事，对吧？为了不让悲剧重演，人们希望在很多国家都拥有朋友。为此，人们想从年轻时就开始渐渐去海外，接触更多的文化，认识更多的人。那么要怎么做呢？那种囊中羞涩的年轻人也能乘坐，能搭载他们去往很多国家的航空公司就很必要。乐桃做的就是这件事情。"

这个"意义"非常容易理解。正因为有这个意义，人们对于"要削减成本""要增加航线"等经营上的问题才不会觉得很低落，反而可以激发出创意与想法。为什么会这样呢？因为"削减成本、增加航线"这种"量性目标"背后有意义的支持。

如今，乐桃航空在持续苦战的日本廉价航空公司业界中被称为"唯一胜利的团体"，其胜利的其中一个原因就是井上社长提出的"意义"。如前文所述，"人、物质、资本"这 3 种经营资源中，只有"人"具有"可变性"。

"物质"和"资本"一旦确定了量，那么之后就不会发生改变，但是根据被赋予的"意义"不同，"人"释放的能量大小会发生很大改变。在对经营资源管理要求极其严苛的业态中，廉价航空公司等这种由明确提出"意义"的领导者带领的组织可以说展现出了凌驾于其他公司之上的表现，十分具有启发性。

企业的竞争优势由成本、速度等各种因素形成，在像如今这样"意义"枯竭的社会，企业提出的"意义"就是吸引职员和顾客的竞争优势源泉，也可以说它成为作为"目的优势"影响竞争的要因。

在这样的时代，Old Type 一味提出及指挥实行"硬性目标"，即销售额和生产率等关键绩效管理指标，这种 Old Type 曾经是日本的主流，其领导者无法激发企业的动力和创造性。而 New Type 的领导者则通过明确形成工作背景的"意义"激发出企业的动力和创造性。

总　结

尽管生产率在提高，但劳动时间却并未减少，这可能是因为我们工作中很大一部分实际上都是没有意义的"垃圾工作"。就像在暗示这个状况一样，各种调查显示，很多人都不觉得自己的工作存在"价值"和"意义"。

人力资源存在可变性。虽然有人认为人发挥的能力是静态物，但实际上人的能力会根据被给予的"意义"而发生很大变化。因此，能够给予"意义"的 New Type 可以激发出组织的巨大潜能。

如今的社会，人、物质、资本中最贵重的资源变成了"人的动力"。在这样的世界，给予意义并激发动力的 New Type 会激发出组织的竞争力，而一味只依赖于目标值和关键绩效管理指标、追求提高生产率的 Old Type 却在破坏动力，令组织的表现力低下。

相较于其他世代，千禧一代在选择工作时更加重视"意义"。考虑到今后这些世代将成为组织的主力，给予意义的 New Type 和只给予目标的 Old Type 在激发组织的潜能这一点上会产生极大差别。

只有特殊事业和超能经营者才能形成"意义"的想法是错误的。传统的原有产业中，New Type 运用自己的构思力和审美意识也能产生令人奋发的意义，激发动力。

零边际成本

Old Type　▶寻求规模，迎合市场

New Type　▶努力集中于自己想做的事情

5　"想做的东西"具有贯通力

请从狭窄的门进入。通往毁灭的门很宽广，道路也很宽阔，所以很多人会从那里进入。[2]

——《新约圣经》

20 世纪，"媒体"和"流通"决定商业的存在方式

自 18 世纪工业革命以来，"强势"的商业规模都很大。用庞大的资金构建垂直统合型的商业模型，然后花费巨额广告费将量产商品在广阔的流通网中进行销售，这种暴利性的商业常常取胜，而无法集资与量产，又付不起巨额广告费的商业只能在阴影处默默生存。

我们经历了很久这样的日子，固有的规模才是商业成功的钥匙。但是到了现在，曾经由规模带来的优势减少或消失，

根据情况的不同，甚至变成了削减竞争力的主要因素。

促进这一变化的最主要原因是媒体和流通的变化。20世纪后半期，在网络普及之前，为了向社会宣传服务和商品，人们不得不依赖于报纸和电视等媒体。

这些媒体不得不遵循以下这种模式：不设定小目标，而是开发必然会成为大众喜好的商品和服务，然后通过电视和报纸等大众媒体向社会宣传，接着通过庞大的流通机构进行销售。也就是说，广告和流通结构仅仅是市场手段，却决定了商品和服务的存在方式。

一直以来，市场的两大规范中包含两个概念，分别为"产品无视消费者"和"入市观点"。初期的福特汽车代表了前者，以"产品为先"的思想为基础，坚持大量生产及销售，而后者相较于前者则是一个反命题，仔细观测市场的需要和需求，秉持"顾客为先"的态度，注重顾客需求，由此诞生"入市观点"。

但是，市场计划在20世纪后半期占据支配性地位，纵观制订这些计划的过程就会发现，产品和服务的存在方式实际上不属于任何一方，而是取决于项目和市场之间的媒体和流通结构。

也就是说，它既不是以产品为先然后向市场推广的"产品无视消费者"，也不是以顾客为先而形成的"入市观点"，而是被一种"媒体输出"所束缚，即两者中间的媒体和流通结构规定了项目和顾客这两方。

其结果就是，小规模服务和商品很难跟上媒体及流通结构的发展速度，这样它们就会变得十分不利，与此同时，采用另一种战术模式的企业则产生了强烈的规模效益，它们大量生产大众化产品，再花费巨额营销费用通过媒体和流通进行销售。

"规模"和"聚焦"的抉择消失

迄今为止很长一段时间内，"聚焦"和"规模"在市场及经营学中均为抉择关系，令双方无障碍地形成这种关系的行为被认为是"妄想的、没有的东西"。

例如迈克尔·波特的竞争战略论认为"成本领先"和"差别化"是战略的基本方式，如果要让它们同时成立就会陷入半途而废的状况，然后失去竞争力，迈克尔·波特明确指出这是一步"臭棋"。

但是如今，这种抉择的性质正在发生改变。促进这个变化的主要原因是全球化和科技发展。近来，人们对于全球化给商业带来的影响议论纷纷，但关于"消除聚焦和规模的抉择"这个影响极大的论点，却没有什么很大争议，因此在这里不再作详细说明。

例如在日本国内的本地市场，如果聚焦在出现率仅 5% 的缝隙市场发展商业，那么潜在顾客仅有 600 万人（1.2 亿人 ×0.05）。

而另一方面，如果面向出现率达到 50% 的主要市场发展商业，潜在顾客就会达到 10 倍即 6000 万人。商业规模如果相差 10 倍，那么采购原材料和开展营销等的规模效益也将大为不同，因此无论如何，着重发展的商业贸易在成本及发展能力这些方面都会不利。

人们必定会利用市场调查去确定"大型的市场领域"，然后迎合顾客的喜好去开发产品和服务，这就是形成"市场常规"的原因。但是，这也令日本企业陷入"同质化的圈套"这个泥沼。

au2007 年秋冬款型和 iPhone 初代机型

图 7　2007 年出售的主要的手机款型

举一个比较好理解的案例就是手机。苹果公司初代机型 iPhone 发售于 2007 年，当时如果提前确认日本各大手机生产商发售的主力产品，那么就会发现这些主力产品都十分相似，几乎没有区别。

为什么会发生这样的事情呢？这是因为很多企业都遵循先前我们提到的"市场常规"去开发产品。他们都是先进行大规模的消费者调查，然后对得出的调查结果进行统计分析，接着将分析结果准确地反馈给设计师和工程师，这样一来，无论哪个企业都会得出像金太郎糖一样十分相似的"正确答案"——金太郎糖是日本一种流行的糖果，无论用刀切哪一段，其截面的图案都是相同的金太郎面孔。

这是个悖论。市场拥有最佳的知识和技巧，而最大限度地活用这些技巧和知识理应受到褒奖，而不该受到批判。但是另一方面，经营本身就是一件寻求差别化的事情，因此无论答案在理论上有多么正确，可如果和其他公司大同小异，那么这种相似的"正确答案"就没有价值。

结果表明了一切。正如各位读者朋友所知，iPhone 手机的登场导致几乎所有日本企业都被迫退出手机市场。而且讽刺的是，苹果这家公司几乎不做市场调查，但依然是一家家喻户晓的企业。那些极度注重营销过程且追求理论上的"正确答案"的企业几乎全部惨败，这种败北甚至在产业史上前所未有，这个事实告诉我们，一个严峻但又有趣的时代已经到来，在这个时代，"正确答案并没有价值"。

在这里有一点我想提醒大家注意，那就是我并没有否定市场。重要的是人和市场之间的主从关系。市场是一名极度优秀的"家臣"，但如果将其作为"主人"就不太适合。

首先，以"想在世上打造出这样的东西"这种想法为出发点，为了实现这种想法，如果把市场的知识和技巧用作工具，那么它就会变成非常强有力的武器。也就是说，"打造什么 =WHAT"是人类为主体进行决策，"怎样打造 =HOW"则是活用市场。

　　但是在如今的日本企业中，几乎所有案例中这种关系都颠倒了。也就是说形成了一种自相矛盾的构图："打造什么 =WHAT"取决于大数据等数值，"怎样打造 =HOW"则由人类做主。这样一来自然无法产生具有诉求力的、敏锐的概念。

　　马克思用一个"异化"的概念对此提出了警告，即人类在构建自以为"优秀"的体系和过程中丧失了人性，最后反而成为体系和过程的奴隶。如今很多日本企业都发生了"市场导致异化"的情况。在这样的体系中，继续被异化的人类最终失去了"主动思考的能力"。

　　从事产品开发项目时，外部建议者一定要对项目中心人物提出以下几个问题："本来想制作的是什么？""通过生产这个产品，想为世界带来怎样的变化？"但几乎没有人能立即作出回答，我们曾在前章中指出过"为了什么"这个问题，也就是说针对这个问题的回答即"意义"尚不明确。

　　Old Type 的做法是通过咨询公司和广告代理商进行调查，然后得出"市场需求"和"竞争案例"这两个要素，接着单纯凭此做决定，完全丧失内在的、主体的"想法"。

Old Type 的失败就在于此。

我们的大脑是可塑性很强的开放式系统，不论到了多少岁都能通过学习进行锻炼，反过来，不使用的机能也会渐渐萎缩和退化。

Old Type 从来没有构思过主观性的"思想"和"意义"，比如"我想这样改变世界""我想制造这样的东西"，所以他们思考"自己想怎么做""想制造什么"，甚至"我是为了什么而活着"等哲学性问题的大脑机能正在萎缩和退化。

这类人今后的处境会异常艰难吧。为什么这么说呢？因为 Old Type 注重大众的普遍取向，而如果价值源泉从"有用"变为"有意义"，那么 Old Type 的顾客就会被注重自我喜好的 New Type 夺走，如同被虫吞食一样。

结构从"当地 × 主要"转变为"全球 × 缝隙"

坚定"自己想制造的东西"然后制作产品时，潜在市场的规模大小取决于有多少人会对制作方的个人喜好产生共鸣。如果很多人都有相同的喜好，那么市场规模就会变大，反之则变小。

但是无论哪一种情况，如果产品如艺术品一般坚定地反映出个人感性，那对"能有共鸣的人"就拥有极强的诉求力。

另一方面，迎合市场上多数派喜好而制作的产品，其市场规模可能会相应变大，但为了得出众人喜好的最大公约数，诉求力就会低下，从而被迫变成聚焦点模糊的产品。

如果市场处于一种各国闭塞的状态，而且没有一定的规模及宣传和销售的平台，那么仅有一种产品的信息能传达到市场，那就是迎合多数派喜好而制造的、聚焦点模糊的产品，而充分展现艺术家式感性而制作的小规模产品甚至连一丝丝参与竞争的机会都没有。

其结果就是，面向"当地 × 主要"市场制作产品的企业占据当地市场的支配性地位。

但如今情况发生极大改变，市场全球化，用于宣传和流通的边际成本十分低。

比如在日本市场，如果聚焦于出现率仅 5% 的市场区块，那么潜在顾客数就只有 600 万人（1.2 亿人 ×0.05），但如果面向全球化市场，那么因为仅发达国家就有 12 亿人，所以市场规模就会一口气扩大到 10 倍即 6000 万人。

经计算，如果要在日本国内市场达到同等规模的顾客数量，那么市场出现率必须要达到 50%，但即使完成了相同潜在顾客数量的目标，"市场贯通力"这个观点也会产生极大差异。

因为两者在"市场贯通力"这一点上存在着天壤之别，一种是以"必须和 50% 的人有共鸣"为前提，然后为了迎合多数派喜好而开发产品；另一种则是以"与喜欢该产品的人有共鸣即可"为前提，大胆发挥自己的审美意识而开发产品。

"全球 × 缝隙"这种市场区块会实现"规模和聚焦同

时成立"。而把目标定在"当地 × 主要"的市场,也就是让"所有人都接受"而开发的产品就没有那样的贯通力,所以事业开展的领域就会继续限制在当地。

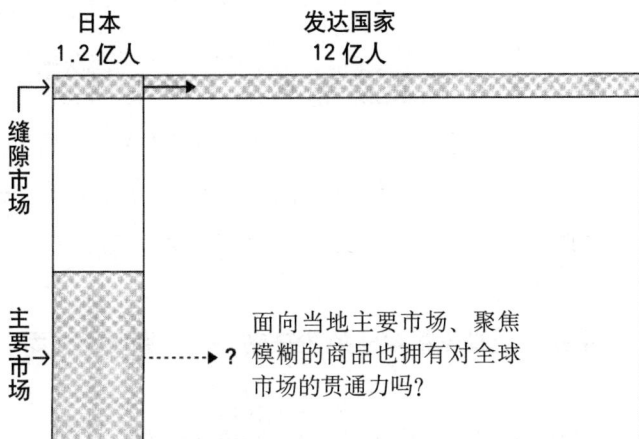

图 8　新定位:"全球 × 缝隙"

让我们再做进一步考察吧。像这样,如果开发出在各个国家都聚焦的产品和服务,那么各国自然都会出现对这些产品和服务有所共鸣的顾客。

这时,Old Type 就会受到 New Type 的攻击而被迫逐渐缩小阵地。Old Type 生产的产品和服务是面向当地市场的主要区块,比较模糊不会出错,而 New Type 则是面向全球化市场的缝隙区块,提供顶尖的产品和服务。

面向当地市场的主要区块开展事业的 Old Type 失去了

规模优势即他们曾经的竞争力基石，其实倒不如说是追求规模导致产生缺点即"规模缺陷"导致竞争力减损。

其结果就是，无论是对市场的建议能力还是成本竞争力，Old Type 都比不上面向全球市场的缝隙区块开展事业的 New Type。

Old Type 面向当地的主要区块，以消费者调查和竞争基点为主体，同时一直提供诉求重点不确定的模糊产品和服务。如果持续发展如上述，那么想必 Old Type 会渐渐被逼入绝境吧。

苹果公司数千把椅子的生产商——广岛木工公司

这种变化已显而易见。在这里我要介绍的是一家日本广岛县的木工公司，这家公司名为 MARUNI 木工。

苹果公司新总部"苹果公园"位于美国加利福尼亚州库比提诺，该办公室的公共区域里放着数千把 MARUNI 木工生产的椅子"HIROSHIMA"，去过那里的人应该都知道吧？

一家日本地方木工公司制作的椅子被一家硅谷代表性企业大量购入作为家具——可以说该案例直截了当地体现出我们在前文所指出的观点，即聚焦于"制造自己真正想做的东西"的 New Type 具有很强的贯通力，最后产生规模效益。

MARUNI 木工是一家始创于 1928 年的老牌企业。它为了让大家都买得起家具而提出"工艺工业化"，精进量产技术，在泡沫经济绝顶期的 1991 年，其销售额在全球达到了 300 亿日元。这个时期它的企业形象似乎都是"成为亚洲第一的家具生产商"，因为恰好是在做寻求"规模"的经营事业。

但是泡沫经济崩坏以后，需求锐减，企业陷入经营困难。现任社长山中武当时在东京做银行职员，负责处理不良债权，2001 年，他受时任社长的叔父请求，接手公司经营。

进入公司以后，他整合巅峰时期的 11 处工厂，又引入丰田的生产方式，通过这些方法实现效率化。他提出"利益第一主义"和"无借款经营"等目标，并提出早退休等转轨策略。

尽管山中武本人曾在银行处理过不良债权，也曾精通有关"重振经营"的对策，但不管他怎样尝试这种"教科书式手法"，业绩依然没有改善。

图 9　MARUNI 木工的 "HIROSHIMA"

某天，山中社长一边哀叹"当真无计可施吗？"一边"哗哗"地翻着公司的产品目录，突然他注意到了一件事情并备感愕然，他发现"没有一件产品是他想要的"。这是一个盲点。他的确思考过"为什么卖不出去"这个问题，却未曾考虑过"自己原本想要的是什么？想制造什么"，连自己都不想要的东西，别人自然也不会想要。

因此，山中武社长认为如果即使低价也卖不出去，那么干脆转换方向——"试试用自己真正想要的椅子决一胜负"，于是他邀请了设计师深泽直人，深泽直人因有在无印良品等公司的卓越经历而享誉全球。

深泽直人参观了MARUNI木工工厂，并对加工技术之高超深表赞叹，他欣然答应了山中武社长的请求，条件是实现一个非常高的目标，即"制造新的世界经典"。

"HIROSHIMA"就这样诞生了，它被苹果公司首席设计师乔纳森·伊夫看中，从而被苹果总公司大量购入。

"HIROSHIMA"发售以后，MARUNI木工也成功止损。一直以来的商流[3]。亦发生很大变化，商品被配送到伊势新宿店等高级百货商店，通过住宅厂商推销及商场销售的商品也有所增加。

另外，人们都知道苹果公司对与设计相关的标准极为严格，而MARUNI木工的商品被苹果公司大量采用这件事应该也令MARUNI木工大放异彩——其销售额的地域构成完全改变，以前为零的海外销售也有所增加，而且还被允许参加意大利米兰家具展,米兰家具展是一项世界性的设计盛典,只允许世界顶级品牌参加。

如果是互联网出现以前,即便设计出了出色的椅子,若要将其向世界推广,也必须聘请大型广告代理商,并支付巨额的媒体费用和佣金。自然,那些小规模企业并没有足够的资金,所以无论他们制作出多优秀的商品也无法向世界推广。

但是,时代发生了极大变化。在如今的世界,如果商品能够打动人,那么被打动的人们就会通过 SNS 等方式在全世界传播相关影像和信息。就像杰里米·里夫金指出的那样,的确实现了以"零边际成本"在全球范围内进行推广。

但这并非人人都能做到。如果没有"撼动人心的敏锐度",那么那些信息就不会在广泛范围内传播共享。

这里有一个有关今后市场的关键。有些无精准定位的商品并没有"撼动人心的敏锐度",它们遵循迄今为止的常规做法,追求规模,迎合各种人群的喜好而制作。最后,为了卖光这种基于 Old Type 的思考方式生产的商品,人们只能和 20 世纪一样,一边依赖于商社(以商品交易为业务核心的公司)和广告代理商,一边掏出高昂的费用,勉强向世界推广信息和产品。

同时,New Type 则依照自己的喜好设计十分感性的产品和服务,其"敏锐度"令它拥有极强的贯通力,正因为有贯通力,从而获得了"全球 × 缝隙"这种定位,又通过这种定位弥补规模缺陷,最终取得充分优势。

总　结

自 18 世纪工业革命以来，"强势"的商业规模都很巨大。但是因为信息和流通的基础设施发生了极大变化，规模不再是必要条件。

一直以来，企业战略论认为不可能同时满足规模和聚焦这两点。其结果就是，寻求规模的企业不再享有聚焦的优先地位，也因此而失去差别性优异，陷入"同质化的圈套"。

迄今为止，缝隙商业在国内的当地市场未能获得规模效益，但因为全球化的发展，它通过定位成"全球市场的缝隙"，也可以同时满足"规模"和"聚焦"。

在这样的世界，Old Type 依然为了迎合市场多数派而设计产品及服务，与此相对，New Type 采取的战略则是优先聚焦，然后通过提高对全球市场的贯通力来赢得规模。最终前者因为"聚焦的好处"而不具备对全球市场的贯通力，后者则获得了极高的贯通力，构建独特的定位。

6 在市场中找到"有意义的定位"

> 即刻生效之物，亦会转瞬失效。
>
> ——小泉信三[4]

"胜者垄断"还是"市场多样化"？

如果出现"全球 × 缝隙"这种我们在前章中指出过的新型定位，那么市场必然会变得分散化、多样化。但可能会有人提出反驳意见，即"GAFA [GAFA 是谷歌（Google）、苹果（Apple）、脸书（Facebook）、亚马逊（Amazon）这四大互联网巨头的缩写] 等世界性企业将市场变成了清一色，这样全球化不就破坏了市场的多样性吗？"

的确，因为 GAFA 等世界性企业的存在感变得极强，所以肯定会有人那样想。但是我们必须要注意，如果只关注显而易见的表面现象，那就会错过其背后发生的巨大结构变化。

从结论来说，我指出的"全球缝隙企业造成的市场多样化"和"GAFA等世界主要企业造成的市场寡头垄断"这两个趋势完全不矛盾。这是因为如今全球市场的两极化就是因这两种趋势而产生的。

20世纪90年代，胜者垄断市场公开受到争论。经济学家罗伯特·弗兰克和菲利普·迪克在1995年出版的著书《赢者通吃》中指出全世界正在转向胜者垄断市场，并敲响警钟。[5]

有趣的是作者在该书中指出的"胜者垄断化发展的原因"。弗兰克和迪克列举了从"绝对评价"到"相对评价"的变化。他们说的是怎么一回事呢？

让我们以泥瓦匠为例来思考吧。当有1天砌100块砖的泥瓦匠和1天砌90块砖的泥瓦匠时，如果市场健全地发挥作用，那么当前者获得100日元的报酬时，后者就获得90日元的报酬。这就是"绝对评价"的市场。

作为对照例子，让我们来想一想检索工具的开发者。将最优秀的开发者和第二优秀的开发者做比较时，假设把前者的性能比作100，后者比作90，可他们的报酬并不会按照这个比例分配。

能在市场幸存的只有最优秀的检索工具，第二顺位以下的检索工具则无法获得任何报酬，它们会在市场中败北。这就是"相对评价"的市场。

也就是说，弗兰克和迪克通过市场从"绝对评价"转变为"相对评价"这一变化，表明他们认为胜者垄断正在发展。

"有意义"的市场中多样化发展

以上就是弗兰克和迪克所说的"胜者垄断"的发生结构，但不得不说他们考察得不够细致。因为市场都有各自的特性，无论边际成本下降了多少，也不会只有那种所有人喜好都一样的市场。

实际上，还存在个别"容易发生垄断化的市场"和"难以发生垄断化的市场"。那么，怎样的市场特性会区分成"垄断化"和"多样化"呢？

让我们试着用结构框架来思考吧。该结构框架沿着提供给顾客的两条价值轴梳理市场，分别为"有用／没用"和"有意义／没意义"。

第一条轴是"有用／没用"，用古典式市场用语来说就是"是否具有机能性便利"。

第二条轴是"有意义／没意义"，也就是"是否具有情绪性便利"或"是否具有自我实现性便利"。

从结论来说，胜者垄断发生在图 10 中的第一象限。因为第一象限中，评价函数收缩不发散。

例如比较容易理解的 IC 芯片案例。IC 芯片的评价单纯取决于成本和计算能力。如"logo 的色彩十分绝妙"或"在勃艮第制作的正品"或"意大利匠人倾注全力"等意义性属性在这里完全不能作为产品评价。谷歌和亚马逊也位于这个象限。

人类向这些服务索求的是机能性便利，而情绪性且有意义的价值则几乎无法介入竞争。其结果就是 GAFA 等企业导致胜者垄断。

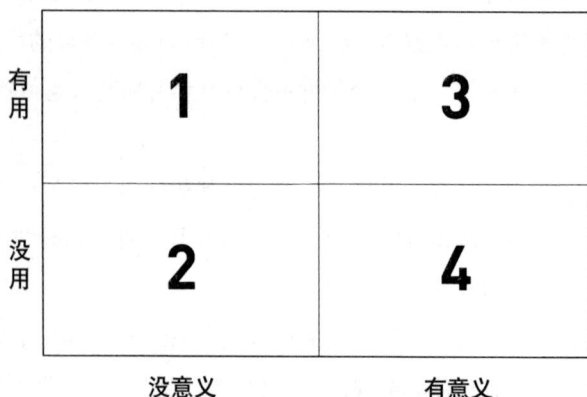

	没意义	有意义
有用	**1**	**3**
没用	**2**	**4**

图 10　向顾客提供价值的市场

"有用"的市场中发生胜者垄断的同时，"有意义"的市场中则诞生了多样性。我们身边有一个很容易理解的案例，那就是便利店（CVS）的柜橱。

众所周知，便利店的柜橱管理十分严格，将商品摆放到柜橱内并不容易，因此剪刀和订书机等文具都只有一个种类，但顾客并无怨言。

只是，在柜橱管理如此严格的便利店中，有些商品却有200余个种类，你们知道是什么吗？

　　答案是香烟。在剪刀和订书机都只放置一个种类的情况下，货架上却有200余种香烟。为什么会发生这样的事呢？因为香烟"虽然没有用，但有意义"。一个品牌固有的故事和意义无法被其他品牌所替代。对于喜欢抽万宝路的人来说，万宝路这个品牌无可替代，而对于喜欢抽七星的人来说亦然。人们感受到的故事和意义是多样化的，因此品牌也变得多样化。[6]

　　这就是"有用"和"有意义"这两种市场特性的区别所在。剪刀和订书机等文具属于"有用但是没有意义"的市场，也就是说它们处于评价函数收缩的市场之中。因此，如果货架放的是常规商品，那么就算种类少，大家也会毫无怨言地直接买走。

　　在这种两极化发展的世界里，所有企业都被迫进行选择，是残存在"有用"的市场中然后投身于激烈的战斗，还是在"有意义"的市场中建立独特的定位？

　　在这两个选项中如何做选择渐渐变得困难，有一点可以说的是，"有用"的市场通常过度束缚于固有的常规做法，不进行深入思考，一味追求规模，这种无疑就是 Old Type 的思考方式。

　　因为经济全球化，"有用"的市场的巅峰变得"又高又狭窄"，除了极少数的"全球成功企业"以外，其他企业都会陷入难以幸存的"红海"（现有的竞争市场，竞争激烈，因招招见红而称红海，与蓝海相对），即市场饱和，难以生存。

另一方面，通过聚焦于某些"意义"而获得独特定位的 New Type 则将自己的定位定为"全球 × 缝隙"，也就是"蓝海"，即朝阳产业。

如果凭借"有用"去战斗，那就会几乎全军覆没

让我们试着再深入一些。就如之前所说，如果在"有用"的领域战斗，那么评价指标会收缩，因此在图 10 中，如果在第一象限"战斗"，基本就会变成"胜者垄断"。

这也就是说，在参与市场的企业中，只有极少数企业能成为胜者，几乎所有其他企业都会失败——从结构上看就是"几乎全军覆没的市场"。

很多日本企业依然在实行这种战略，即在"有用"的市场通过降低成本、提高便利性去赢得竞争胜利，但如果全球化发展，那么这个市场中就仅有世界顶尖的几家企业才能够幸存，我们有必要深思这一点。

当然，即使是那样的市场也会因为某些障碍或国境原因而被分离，而财富发生地理性转移需要花费成本，这样一来，也许各个国家中都能够存活一定数量的企业。[7]

但是，如果市场全球化发展，那么全球市场就会发生胜者垄断，全世界几乎所有企业都无法幸存。在当地，如果市

场被分离，那么每个分离出来的市场中都会产生一个赢家，但如果全球统一，那么赢家就只有一个，而且如果演变成胜者垄断的状况，那么幸存的也只有一个。

典型例子就是搜索引擎。搜索引擎正好是市场中"有用但没意义"的代表。人类只是希望通过搜索引擎获得"清楚明了的搜索结果"，完全没有"意义"介入的余地。而且，因为搜索引擎提供的财富是信息，因此即便跨越国境传输也几乎无须花费成本。

因此我们可以说这是一个极易收缩的市场，但实际情况是怎样的呢？ 2019 年，谷歌搜索引擎所占市场份额在 36 个国家中超过 90%。

可以说谷歌这个例子直截了当地反映了一件事，即在"有用但没意义"的市场，如果发生跨越国境的全球竞争，那么最终会发生何种状况。恐怕在不远的将来，在其他"有用但没意义"的市场也会发生同样的收缩吧。

"有意义"比"有用"销量更高

另一方面，在"有意义"的市场中并不只如此。诸如谷歌和亚马逊等案例广为人知，因此最近常常听到"各种产业中都在发生胜者垄断"等说法。

但就如之前所说，我认为该类情况仅限于"有用"这种提供便利的市场；反之，在"有意义的市场"，多样性则在增强。

为什么这么说呢？因为人类在人生中重视的"意义"非常多样化。如果"有用"的市场发生收缩，那么发达国家的人们就会为了让"意义"产生差别化而支付等价报酬，因为他们要求生活方式上与他人不同。反向思考，就是也有人认为"有意义"比"有用"具有更高的经济价值。

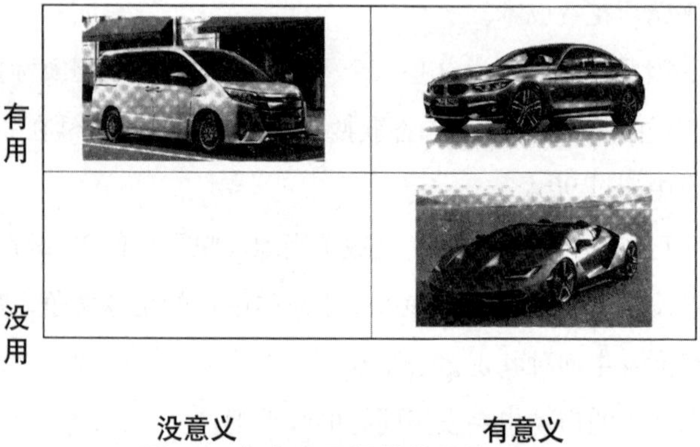

图 11　汽车业界提供价值的市场

在思考这个问题时，让我们以汽车业界为例吧，该业界表现出了极端的"形成意义的能力差距"。

正如大家所知，全世界有各种各样的汽车厂商，比如日本的丰田、日产或德国的宝马和保时捷、意大利的兰博基尼和法拉利等，让我们用刚才的"有无意义"和"有无用处"来梳理这些品牌吧。

日本丰田和日产出售的车种几乎都包含在"第一象限＝有用但没意义"内。这个象限的汽车主要提供的仅仅是"舒适又安全的移动工具"，注重的是方便，而"对于自己人生的意义"等则不包含在提供价值之内。也就是说，属于这个象限的汽车主要凭借机能价值进行销售，即"作为一个移动工具发挥用处"。

然后是德国的宝马和保时捷，它们出售的车种几乎都属于"第三象限＝有用也有意义"。属于这个象限的汽车当然也提供"舒适又安全的移动工具"这个机能价值，但仅仅凭借这一点是没法合理地与日产汽车拉开数百万日元的价格差的。

对于购买者来说，这些汽车除了具有"舒适地移动"这个机能价值，还提供了感性价值，比如"乘坐宝马的意义""乘坐保时捷的意义"，购买者是为了那份"意义"而支付数百万日元的差价。[8]

最后是意大利的兰博基尼和法拉利等顶级车，即"超跑"，这个车种几乎都属于"第四象限＝没用但有意义"。

尽管多数"超跑"都搭载着数百马力的引擎，但只能乘坐两个人，而且无法运载货物，因为车的高度低，万一碰到恶劣的路况也比较麻烦。也就是说，从"舒适有效的移动工具"这个角度完全无法对"超跑"进行评价，它只不过是一个轰鸣前进的物件。

尽管如此，或者应该说正因为如此，络绎不绝的人即便豪掷数千万或上亿日元也想要拥有这种"没用"的汽车。也就是说，对于这些车的买主来说，这些车被赋予了"独一无二"的意义。

在这里，我们必须提前思考的是每个象限的价格水平。提前确认就会发现，属于"第一象限"的日本产汽车的价格区间为100万—300万日元，属于"第三象限"的德国车的价格区间为500万—1000万日元，属于"第四象限"的"超跑"的价格区间则为2000万到1亿多日元，后者明显比前者具有更大的经济价值。[9]

直截了当地说，如今的市场公认"有意义"比"有用"更具有经济价值。

最显而易见的例子就是个别企业的PBR，即股价纯资产倍率。这个指标代表企业解散价值的比例，解散价值即企业当下持有的资产总额和股价总额，而股价总额即时价总额[10]。日本汽车厂商中，即便是股价纯资产倍率最高的丰田也就1上下，日产仅为0.7上下。[11]也就是说，如果解散企业然后将资产返还给股东，还不如股价不变然后解散更好。

如果要说这暗示了什么，那就是人们没想到股票市场是一家日本车和德国车同场竞争的公司。

如果日本车是通过提供"移动"这个便利性而获取利益，那么用其他方法以更低廉的价格提供该便利性的企业，比如汽车共享和IT企业，当它们提供的自动汽车等替代性服务登场时，日本车或将无法存续，或者会陷入激烈的价格竞争。

另一方面,有些企业不仅提供移动工具,还提供"意义"。购入保时捷的人不仅仅是购买了一种"移动工具",还购买了保时捷这个制造商背后的历史、故事还有象征等"意义"。

还有比如接连几天在拍卖中中标的艺术作品和家具等,这些人们在当今世界花费最昂贵的价格购买的东西都是具有"意义"和"故事"的产品。

这个时代的物质饱和,且物质的价值中长期呈下跌趋势,正因为如此,今后的时代中,能够获得高额报酬的将不再是生产"有用的东西"的组织和个人,而是能够生产"意义"和"故事"的 New Type。

"意义"无法复制

今后,形成"意义"的 New Type 将产生巨大的价值,让我们来看看第三个原因吧,那就是"意义无法复制"。

在创新中,人们常常将"设计"和"技术"作为中心论点。那么我们在此提个问题,假设"优秀的设计"和"优秀的技术"相结合,就一定会得出"优秀的项目"吗?纵观当今市场就会发现,这个问题的答案只有"否"。

例如,人们常说苹果公司的核心就在于其设计。但真的是这样吗?

如今,其他公司也有制作出售与苹果智能手机和笔记本电脑基本没有差别的类似产品。如果苹果公司的核心真的是设计，那么为什么这些公司提供了和苹果相似到基本没有分别的设计，他们的市场占有率和时价总额却并没有像苹果公司那么高呢？这个事实暗示了苹果公司市场价值的核心绝不仅仅是设计。

技术方面也一样。无论是智能手机还是电脑，如今市场出售的机种之间并没有很大差异。

因为我们一直以来都把"有用"作为价值轴，十分重视，因此容易过度评价技术水平，但在物质过剩、问题稀少的世界，技术水平已经不再是顾客重视的价值轴。

也就是说，单凭"优秀的技术"和"优秀的设计"无法构成"优秀的项目"。那么，问题出在哪里？

最重要的一点是，"技术"和"设计"都非常容易被"复制"。设计可以即刻被模仿，大部分技术都有可能被解析。也就是说，以"设计"和"技术"为主轴所形成的竞争力在遭遇复制这种冲击时是非常脆弱的。

另一方面，让我们想一想有什么东西是难以复制的呢？这里就会浮现出一个关键词——"意义"。一个产品和品牌所具有的固有"意义"是无法复制的。

例如像苹果公司的产品和机能，虽然其他公司能进行很多表面性复制，但它们却无法复制苹果这个固有品牌给予顾客的感性价值即"意义"。因为"意义"的形成必定需要庞大的信息量，而要在市场积累庞大的信息量就需要花费非常长的时间。

自20世纪70年代末期开始，苹果及其创始人史蒂夫·乔布斯不断向世界传递信息，通过这些信息的累积才形成了苹果这个品牌具有的固有"意义"。

若极端而论，苹果这家公司已经成为一个"文学作品"。因为文学作品无法复制，所以将"意义"作为核心竞争力的企业在复制的冲击下依然可以创建十分稳固的事业。

总　结

如今的市场正在发生一种两极化现象，即"全球缝隙企业导致的市场多样化"和"全球主要企业导致的市场垄断"这两种完全相反的趋势同时发展。

这两种趋势的分类依据是市场提供的是"有用"这个便利性还是"有意义"这个便利性。"有用"的市场中，因为评价指标很少会收缩，因此伴随全球化的发展，极少发生胜者垄断现象，而另一方面，顾客便利性十分多样的"有意义"的市场则极具多样化。

如果用收益性来评价这些市场，"有用"的市场中，性价比十分严峻，价格竞争也容易变得激烈，导致收益率低下，而"有意义"的市场中，带有意义的溢价有可能设定极高的价格。

迄今为止，很多日本企业都在"有用"的市场中展现了存在感，但今后，伴随经济全球化会产生胜者垄断，如果发生面向胜者垄断的最终竞争，那么或许相当数量的企业就必须转变定位，转向"有意义"的市场。在这种状况下，继续一味利用"有用"创造价值的方法就是Old Type的思考方式。

另一方面，New Type 则迅速转向"有意义"的市场，通过构建独特的"意义定位"来获取高收益及奠定稳定的基石。

如今，"设计"和"技术"在创新中常常成为一大论点，这两者的共同弱点是"很容易被复制"。对抗复制需要"意义"。对于复制这个冲击，成功向市场不断传递信息并将"意义"作为资本积蓄的企业就可以构建十分牢固的商业模型。

领导力

Old Type ▶指示及命令他人按既定要求做事

New Type ▶告知别人 WHAT+WHY，然后让他们放手去做

7 告知令人产生共鸣的"WHAT"和"WHY"

> 失去真正目的的心灵，会将感情寄托在假定目的上。
>
> ——米歇尔·德·蒙田[12]

领导力依存于语境

在商业中，我们面临三大论点，即："WHAT= 目的是什么？""WHY= 为什么很重要？""HOW= 怎么做？"

尤其是在组织里，如果是需要发挥领导力的人，那就必须明确与三大论点相关的、有个人特色的方针，并在组织中运用这些方针。

但是，这里必须要注意的是这三大论点的优先顺序会根据情况及语境发生改变。例如在市场竞争状况较为稳定，不

会发生太大变化的情况下，首要的便是"HOW"，即对于同样一件事，要怎么做才能比竞争更加有效，这会成为经营上的一大论点。

或者说在十分紧急的危机情况下，我们并没有时间讨论"WHAT"和"WHY"，这时，指示"HOW"然后渡过难关才是先决问题，对吧？

可另一方面，像现在这样处于VUCA的世界，且"物质过剩、意义枯竭"的情况下，Old Type的领导力想仅凭借"HOW"来领导组织，但它既无法给组织确定方向，也无法激发组织的动力。New Type则是展现"WHAT"和"WHY"，给予组织干劲，激发出组织的动力，从而提高组织的表现力。本书中已经再三指出"意义"的重要性，显然，"意义的枯竭"与"WHAT=目的"和"WHY=理由"息息相关。

如果缺少"WHAT"和"WHY"，那么人类将会面临崩塌

那些"WHAT=目的"不明、"WHY=理由"不清的事业无法令人感受到"意义"。

19世纪俄罗斯文豪陀思妥耶夫斯基[13]曾以自己的监狱经历为基础写下一部《死屋手记》，在这本书中他写道："例如'把一只桶里的水转移到其他桶里，完成以后再倒回原来

的桶里'这种'完全感受不到意义的工作'就是'最残酷的强制劳动',一个人如果连续做这种工作的话会发疯。"

烧砖、耕田等工作无论在肉体上有多辛苦,但因为最终能建成房子、种出蔬菜,所以人们能够忍受,可是没有意义的劳动谁都忍受不了。这种暗示对于我们人类来说,实际上劳动的"质"比"量"更为重要。

这个问题是"讲究量的 Old Type"与"讲究质的 New Type"之间的对比有关。

反过来想想,现在的日本,虽然很多地方都以"改革工作方式"的名义在削减劳动时间这种"量",但另一方面,与工作的"质"相关的争论却被过分轻视,这种印象令人挥之不去。[14]

在物质过剩、意义匮乏的时代,我们为什么要一直工作呢?在这样的时代,为了增加"通过工作变得幸福的人",我们必须率先考虑的是如何恢复我们的工作本应有的"意义",不是吗?

对于和"量"相关的争议,因为是非对错即刻便会分明,因此讨厌深入思考的人很容易就会陷进去,但在如今的日本,很多领域中"量性改善"的边际效用[15]几乎为零。

在这样的世界,不仅仅是工作的"量",关注"质"即工作的"WHAT= 目的"和"WHY= 理由"也很重要。

日本重用"HOW 的领导力"

如果思考一下经营上的三大论点即"WHAT""WHY"及"HOW"就会发现，迄今为止日本企业的优势是因彻底磨炼"HOW"而形成的，而不是"WHAT"或"WHY"。

说起为什么日本企业会取得如此的胜利，那是因为欧美发达企业已经以各种可见的形式清清楚楚地展现了"应该瞄准的目标 =WHAT"，而人们如果因为达成这一目标而变得幸福，那接下来就会思考"为什么瞄准这个目标 =WHY"。在这种状况下，对于领导者给出的"HOW"的指示，最先提出"WHAT 是什么？"或"WHY 是什么？"等问题的人就会导致竞争力削弱。

但是，到了 20 世纪 90 年代前半期，这种情况发生了极大变化。正如前文所述，日本企业因为追赶欧美发达企业而丧失了至今一直很明显的"应该瞄准的目标 =WHAT"，与此同时，尽管经济上变得富裕，但因为得不到"幸福的实感"，所以"工作的意义 =WHY"也不再具有说服力。

可是，尽管已经过了 30 年，但很多日本领导者依然只关注"HOW"，却未让人对"WHAT"和"WHY"产生共鸣。

在这种情况下，依然只讲究"HOW"的 Old Type 或将破坏周围人的动力，导致组织的表现低下。另一方面，在这样的时代，为了形成稀少的"意义"而构思并讲述"WHAT"和"WHY"的领导者却能激发出周围人的动力，并提高组织的表现力。

WAHT 的必要条件是"共鸣"

读到这里的读者朋友们可能会有些许疑惑。因为如今很多日本企业都在以某些形式提出"理想"和"中长期目标"。

虽然我指出日本企业存在未展现出"WHAT"和"WHY"的问题，但的确，如今很多日本企业都在提出一些"理想"和"中长期目标"，所以可能会有人认为我所指出的问题前后逻辑不一。

但是，这并不是逻辑不一或其他什么问题。因为很多企业提出的理想（他们这么称呼）并未满足理想最重要的必要条件。

理想最重要的必要条件就是"能够产生共鸣"。

当人们知晓了目的及原因，然后自己也希望参与经营，希望为了实现自己的能力和度过有意义的时光而有所奉献。也就是说，因为产生了追随力，人们第一次发现了对应的领导力。

但是，很多日本企业的理想对于参与该事业的人来说并不能"产生共鸣"。

那要怎么做才能提出可以赢得"共鸣"的理想呢？让我们顺着之前提过的 3 个要素即"WHAT""WHY"和"HOW"来举几个事例进行分析吧。

阿波罗计划和谷歌相通的理想简约性

首先是约翰·F.肯尼迪于 1961 年提出的阿波罗计划[16]。在阿波罗计划中，肯尼迪主要采用演讲的形式持续性地与各种相关人士进行如下交流。[17]

WHAT：在 20 世纪 60 年代实现人类登月。

WHY：这是一项如今人类想挑战的最艰难任务，也正因为如此，顺利实施这个计划就会获得对美国和全人类来说崭新的知识和发展。

HOW：无论民间还是政府，都跨地域地动员美国的科学技术和头脑，会集最顶尖的人才、机械材料和体制。

我觉得这非常容易理解，也很震撼人心。顺便说一句，最初向美国国民公布这个计划时，据说很多美国国家航空和航天局职员都做好了缩减宇宙计划的准备。请一定要想象一下，在那样的情况下，他们第一次听到这个演讲时是何等的惊讶与兴奋。

接下来，让我们将目光转向现代，可以说这种结构在创新的民间企业中也同样可见。例如让我们来分析一下谷歌的理想吧。根据不同的时期和媒体，谷歌提出了各种各样的理想以及任务说明，信息综下所述：

WHAT：整理全世界的信息，令所有人都可知晓。

WHY：信息的差距会危及民主主义，必须杜绝。

HOW：聚集拥有全世界顶级头脑的独一无二的天才，最大限度地利用电脑和网络的力量。

"WHAT"非常壮大，"WHY"则扎根于非常美式的"绝对美"的概念，很容易理解，"HOW"也很具体。谷歌的市场营销和雇佣因非常独特而为人所知，它的"WHAT""WHY""HOW"非常简单，并灵活地从事个别企业活动，从这一点也能看出，组织成员接受并对这个理想有共鸣。

总　结

我们在经营上面临三大问题，即"WHAT=为了什么而存在？""WHY=为什么那个很重要？""HOW=要怎么实现？"像如今一样，在未来充满不确定性，动力成为竞争力巨大源泉的社会，"WHAT"和"WHY"的重要性有所提高，相反"HOW"的重要性则比较低。

自明治维新以来至今，日本企业一向重用"HOW的领导力"。如果对WHAT(=应该瞄准的目标,即欧美发达企业)不多加解释，并把WHY（=经济增长令人们更幸福、生存价值更高的原因）作为默认前提给全社会共享，那就不会产生问题。

为了传达"WHAT"和"WHY",理想成为必需品,但很多日本企业所抱有的理想在"唤起共鸣"这一点上有所欠缺。

为了会集优秀的人才并激发出他们的动力,我们必须明确"WHAT""WHY"和"HOW",并将这些东西整合成能唤起人们共鸣的故事,然后传达给人们。比如 20 世纪 60 年代的阿波罗计划,我们可以在过去取得极大成功的项目和企业中发现很多兼具这些要素的案例。

---

1 14% 这个数值是针对"你觉得工作快乐吗"这个问题回答"非常快乐""快乐"的人数总占比。

2 《新约圣经》马太福音书第 7 章第 13 节。

3 在商品流通中,相对于"物的流动"的物流,指交易关系的流动。

4 小泉信三(1888 年 5 月 4 日—1966 年 5 月 11 日)。日本经济学家。曾任东宫皇家教育参事,负责为皇太子明仁亲王授课。1933 年至 1946 年任庆应义塾大学校长(第 7 任)。

5 罗伯特·H.弗兰克、菲利普·迪克《赢者通吃——"独胜"社会来临》,日本经济新闻社 1998 年版。

6 试着思考一下其他"没用但是有意义"的商品然后再讨论也很有趣。例如,虽然人们觉得音乐、艺术、文学和红酒等也属于这类商品,但它们分为各种品牌。典型例子比如酒吧柜台上陈列的那些瓶子,仔细看它们就会理解"正是没用的东西才多样化"。

7　试着根据财富单位体积的附加价值来思考一下收缩的程度，这也许会很有趣。例如在全球都很"有用"的玻璃，其单位体积的附加价值很小，运输成本相对昂贵，因此当地企业就比较容易幸存。建材供应商在各个地区趋向分散，这是因为运输成本相对于附加价值更高。另一方面，IC芯片等单位体积附加价值非常大，因此易收缩。最极端的是信息财富，事实上，因为信息的体积为零，所以非常容易收缩。GAFA席卷世界就是因为这些企业财富单位体积的附加价值非常大。

8　我曾在《世界精英为什么要锻炼"审美意识"？》一书中举过马自达的例子，也许可以说它打响了企业从"有用但没意义"的定位转变为"有用且有意义"的第一枪。

9　有趣的是艺术市场横跨"没用×没意义"和"没用×有意义"这两者。几乎所有作品都因"没用×没意义"的部分而被认为无经济价值（不等于审美价值），但是，一旦哪个作品被赋予某些意义，那么这个作品明明本身并没有发生变化，却转变成"没用×有意义"，从而具有巨大的经济价值。作者生前名不见经传的作品在作者死后却具有极大价值就是因为这种转变。如果把艺术看作商业，那么其核心就在于"赋予意义"这一点，这就成了馆员、画廊老板的工作。现代艺术家村上隆在所著《艺术创业论》中反复指出的论点就是如何越过这条"有无意义"的界线。

10　股票各牌名的收盘价乘以各自上市股票数的数值。

11　基于2018年10月末这个节点的财务报表数据得出。之后就如大家所知道的那样，因戈恩社长被逮捕的新闻广泛传播，日产的PBR变得更低。

12　米歇尔·德·蒙田（1533年2月28日—1592年9月13日）。16世纪文艺复兴时期代表性的法国哲学家、道德思想家、怀疑论者、人文主义者。其主要作品《随笔集》洞察现实人类、探求人类生存方式，不断被修订，除法国之外甚至影响到了世界各国。本句摘自米歇尔《随笔集》。

13 费奥多尔·米哈伊洛维奇·陀思妥耶夫斯基（1821年11月 11日—1881年2月9日）。俄罗斯小说家、思想家。

14 顺便说一下，日本的总工作时间中长期性地呈现非常明显的 缩短倾向。根据厚生劳动省的"每月工作统计调查"，人们 在1965年（昭和四十年）的工作总时间大概为2200到2400 个小时，1989年（平成二十年）以后，变成大概1700到 1800个小时。

15 有关某种商品给予消费者的欲望满足度，是指该商品的消费 量增加一个单位时，相应增加的欲望满足度。

16 以美国国家航空和航天局为中心进行的月球探测计划。

17 所谓的"月球演说"。

第 4 章

New Type 的
思考方式

——从偏重逻辑到逻辑与直觉相结合

逻辑与直觉

Old Type ▶只依赖逻辑而排斥直觉
New Type ▶根据不同情况分别依靠逻辑与直觉

8 "直觉"提升决策质量

> 我认为直觉较智慧更甚。
>
> 这一认知对我的工作造成了极大影响。[1]
>
> ——史蒂夫·乔布斯

逻辑还是直觉？——为什么日本企业会陷入"分析瘫痪"？

关于决策中应注重"逻辑"还是"直觉"的问题，我已在《为什么世界精英都在培养"审美意识"？》一书中花费大量篇幅叙述，虽然本人拙劣的笔触可能会引发误解[2]，但还是想在此谈谈未在该书中提及的几个论点。

首先是我的问题意识[3]，简而言之就是"若企业的决策偏重逻辑，则会导致表现力低下"，原因大致有三：

其一，过度偏重逻辑思考会导致"差别化丧失"。这可以说和前文中提及的"正确答案商品化"这一点密切相关。

一直以来,运用分析和逻辑的信息处理技巧对于商人来说不可或缺。但是,因为正确地、有逻辑地、理性地处理信息这件事和人一样,也是在"找出正确答案",所以必然会导致"差别化丧失"。

其二,运用分析和逻辑的信息处理技巧作为一种方法论存在边际性。"VUCA 化的世界"既复杂又模棱两可,如果始终坚持运用逻辑和理性进行决策,那就无法一直保持合理性,决策就会陷入胶着状态。

经营学家伊戈尔·安索夫率先指出,经营决策的合理性十分重要,同时他还指出过度分析和运用逻辑十分危险。安索夫在 1959 年著有《企业战略论》一书,他在该书中指出,过度追求合理性有可能导致企业决策陷入停滞状态,他还给这种状态取了一个绝妙的名字——"分析瘫痪"。据我所知,很多日本企业都存在这种问题。

其三,逻辑无法产生意义。我们已经指出,当今社会,人们公认"有意义"比"有用"具有更大的经济价值。"有用"是通过为明确的问题提供解决方法,从而在该领域中发挥逻辑和分析能力,但这种能力在"有意义"的市场无法产生价值。"创造意义"即在"无"中生出"有",这并不是运用逻辑就可以做到的。

灵活运用逻辑与直觉

像这样指出"偏重逻辑"的弊端容易让人觉得"那就舍弃逻辑，依靠直觉吧"，但这并非我本意。

某个系统失效就想替换成其他系统的想法属于 Old Type 的思考方式，这种方式过于简单粗暴。我认为应该采用一种更为灵活的方法，即"根据情况决定运用逻辑或直觉"，也就是 New Type。

当我们顺着刚才指出的问题来思考就会发现，当原因和问题之间具有明确的因果关系，且无须情感上存在差别化时，那么运用逻辑解决问题即可，并不需要特地依赖直觉。反之，当"意义"十分重要的情况下，即便徒劳地累积逻辑也无法得到优质结论。两种解决问题的方式各具优劣，因此在突发情况时，我们无法断定应该运用哪一种。

关于"逻辑和直觉的优劣"这个问题，丹尼尔·卡内曼的一项研究或许给予了我们最好的启发，这项研究之后还促使他荣获了诺贝尔经济学奖。丹尼尔·卡内曼与阿莫斯·特沃斯基共同进行了该项研究，他们在这项研究中明确表示，人会根据不同情况分别运用两种思考方法。他们将之归纳为"双重过程理论"，如今，该理论作为行为决策论、行为经济学的基础被广泛普及。

根据双重过程理论，人脑对于外部刺激大致会同时以不同速度发生两种决策过程（系统）。丹尼尔·卡内曼和阿莫斯·特沃斯基将这两种不同的系统称为"系统 1（直觉）"和"系统 2（逻辑）"，说明如下：

> "系统 1"自动且高速运行，无须或仅需极少人为干预，毫无自我控制的感觉。"系统 2"则需要分配注意力去从事困难的脑力活动，比如复杂的计算等。"系统 2"的运行大多与行为、选择及集中等主观经验相关。
>
> ——丹尼尔·卡内曼《快与慢》

这两个系统虽然令人感觉相互排斥，但二者实际上可以同时发挥作用。例如，作曲家在推敲整首歌曲的构思时运用系统 2，在即兴演奏中则运用系统 1。又如，几乎所有工商学院的教学课程都是一面通过金融和战略论锻炼学生的系统 2，一面通过大量案例让学生模拟经营，从而锻炼系统 1。

也就是说，要通过这种知识专业职种[4]提高表现力，就需要平衡运用系统 1（直觉）和系统 2（逻辑）。

通过平衡逻辑和直觉，表现力得以提高

为了平衡运用逻辑和直觉，"高阶决策"变得十分重要，即在不同的情况下，应该运用直觉还是逻辑进行决策。如果选择错误，那么原本用逻辑思考就能得出有效答案的情况下，却用直觉得出了自相矛盾的回答，而在需要创造性答案的情

况下，则会变成运用逻辑得出迂腐的答案。

这里应该注意的是，运用数据和算法可能会导致系统1即直觉只能展现非常一般的表现力。

这与泰洛克的研究结果一致，他的研究显示"专家预测的精确度和黑猩猩掷飞镖差不多，基本都靠蒙"，他的这项研究之后我们会再作说明，不过，"系统1毫无可信度"这个结论还是下得过于草率。

典型例子比如法官量刑、住宅价格浮动等，这种情况下人们可以获取数据，也能够描述算法用作判断标准，而这些典型事例显示，或许系统2比系统1更能提升表现力。

但近年的研究指出，当不符合这些条件时，即无法描述算法、要素繁多且相互交杂的情况下，仅依赖系统2是十分危险的。

以下表述摘自早稻田大学教授入山章荣的报告：

2009年，马克斯·普朗克研究所的格鲁德·吉甘兰萨等人在发表于《认知科学专题》的评论中写道："近年来，各种研究成果都主张启发式·直觉不仅可以加快决策速度，还能根据不同情况对未来做出比逻辑更为正确的预测。"或许会有人对此感到惊讶，但这就是认知科学研究最近的主张。吉甘兰萨的论文提出，重点在于"分析和预测"的区别。如果人只想进行"分析"，那么尽可能地多收集信息，然后花时间进行逻辑性思考更好。但对于决策中不可或缺的"预测未来",如果过度、过量地查阅详细信息,反而容易导致预测模型过于被这些信息的不一致所影响。反之,即便多少有些偏颇,但只依赖于特定的少量信息(cue),这样就不会被信息的不一致所左右,最后就可以对未来作出正确的预测即决策。

——入山章荣《决策的未来在于"直觉"》
(DIAMOND 哈佛·商业·评论)

吉甘兰萨的研究显示,"如果和预测相关的信息过多,那么由于各种信息的精确度不一,预测模型就会受到影响",因此,如果预测的对象越 VUCA,那么系统 2 的表现力就会越低下,对系统 1 的依赖度就会越高。

"直觉"相对重要的时代

Old Type 固执地追求逻辑,而 New Type 则根据不同情况灵活运用逻辑和直觉。那么,我们应该如何判断何时运用"逻辑",何时运用"直觉"呢?虽然最终我们也只能说是凭"感觉",不过请允许我在此提出两点。

第一点是之前提及的"有用"和"有意义"的结构。如果想在"有用"这个方向提高表现力,那么关键在于"逻辑"。我们可以用效果函数来描述"有用",在分解要素的基础上设定数值目标，制订针对该目标的活动计划，然后实施该计划即可。另一方面，如果想在"有意义"这个方向提高表现力，那么"逻辑"是没用的，关键在于"直觉"。构造怎样的"意义"和"故事"才会感染顾客？对于这个问题，"逻辑"是无法给出答案的。

所有企业、组织及个人一开始都没有用也没有意义，然后在某一处建立据点。这时，思考向哪个象限成长、以怎样的倾斜度成长就是"成长战略"。如果向"有用"这个 Y 轴成长，那么相对的，"逻辑"就更重要，如果想向"有意义"这个 X 轴成长，那么"直觉"就更重要。

接下来我们来看看第二点，即"稀少物与过剩物"的对比。自不必说，若"稀少物"的价值升高，那么"过剩物"的价值必然降低。也就是说，当我们比较"逻辑"和"直觉"时，有必要思考一下双方产生的是"过剩物"还是"稀少物"。当然，即便已经生产出"过剩物"，也仅能获取极少的边际利益，而如果能生产出"稀少物"，那就可以享受到极大财富。

那么，当今世界究竟"什么过剩""什么稀少"呢？

如图 12 列表所示，结论显而易见。"过剩物"均来自"逻辑和理性"，与之相对，"稀少物"则均来源于"直觉和感性"。也就是说，在当今世界，如果要生产"稀少物"，那就必须驱动"直觉和感性"。

过剩物		稀少物
正确答案	〉	问题
物质	〉	意义
数据	〉	故事
便利性	〉	浪漫史
说服	〉	共鸣
竞争	〉	共创

图 12　当今社会中的"过剩物"与"稀少物"

　　我希望大家注意一点，那就是这里的"过剩物"曾经也全都是"稀少物"。尤其是在 20 世纪后半叶，社会问题堆积如山，而能够解决那些问题的"正确答案""物质"和"便利性"却十分稀少。正因为如此，一部分人和组织获得了极大的财富，因为他们能够运用生产出这些"稀少物"的逻辑和数据。

　　但如今，"稀少物"和"过剩物"的关系发生了颠倒，曾经稀少的物品如今全都过剩，如果还是按照 Old　Type 的思考方式，即依然只以逻辑为关键计划决策，那么只会生产出过剩物，这必然会导致人才和组织的商品化。

总　结

　　企业的决策如果过于偏重逻辑，将会导致三大问题：第一，丧失差别化；第二，决策时间延长或陷入胶着状态；第三，削弱在意义市场中的竞争力。

　　经营问题中有些可以用逻辑解决，有些无法用逻辑解决。因此高阶决策的能力变得很重要，即弄清楚问题的性质，然后再决定是应该用逻辑解决还是用直觉解决。

　　丹尼尔·卡内曼明确表示，系统1（直觉）和系统2（逻辑）这两个系统控制着人类的决策，如果将系统1（直觉）用于可以通过分析来解决的问题，那么决策的表现力就会低下。他的这一说法同样也暗示了将直觉和逻辑应用于适合的、恰当的对象这一点非常重要。

　　近年的研究显示，对于极度复杂的问题，如果给出过度偏重逻辑的答案，那么数据精确度的不一致反而会导致答案品质恶化。在这种情况下，适当运用启发和直觉反而能提高决策品质。

Old Type ▶提高生产率

New Type ▶增加玩乐

9 战略性地利用"偶然性"

> 且玩焉，生于世。且戏焉，生于世。
>
> ——《梁尘秘抄》

为什么自然界存在"失误"

我们一般认为失误是消极的，所以总是尽可能地避免它，然后提高生产率。但在自然淘汰的结构中，"失误"是必要的，因为偶然发生某些积极性失误反而会提升系统的表现力。

"失误"这个要素在自然界的进化结构中不可或缺，但在人类社会中，我们却想把它从工作中剔除，这个想法真的正确吗？

其实，失误一直作为提高生产率的要素在发挥作用，让我们以"蚁巢"为例。

在蚁巢中，如果一只工蚁在蚁巢外发现了食物，那么它就会一边释放信息素[5]，一边回到蚁巢寻求同伴帮助，其他蚂蚁会按照它留在地面的信息素去寻找它发现的食物，然后一起将食物搬回蚁巢。

因此人们会觉得，对于蚁巢的同伴来说，获得食物效率最大化的关键在于追寻信息素的准确程度，但事实却并非如此。

广岛大学西森拓博士的研究团队进行了一项有意思的研究，他们采用计算机模拟分析了"追寻信息素的准确性"和"一定时间内被带回蚁巢的食物量"的关系。

假设有一只工蚁 A 在多个六角形连接的平面空间中活动，它一发现食物就用信息素将同伴指引过来，而那些尾随 A 的工蚁中，有些很聪明，它们能够毫无偏差地追踪 A 留下的踪迹，还有些则很愚蠢，它们的准确率并非 100%，有时候会选错方向。两种工蚁以某种比例混合，根据愚蠢工蚁占比的不同，带回食物的效率会发生怎样的变化呢？西森拓博士的研究团队对此进行了调查。

他们发现，当有一个聪明工蚁集群和一个混合工蚁集群时，前者完全尾随 A 的踪迹，后者则混合着有时选错或偏离道路的愚蠢工蚁，从中长期的角度来看，后者较前者带回食物的效率更高。这是怎么一回事呢？

也就是说，当工蚁 A 一开始打造的信息素路线并非最短路线时，那些愚蠢的工蚁有时偏离路线，有时走错路，却恰恰因为这些失误而偶然发现了最短路线，于是其他工蚁也沿着这条最短路线前进，最终，"短期的无效率"带来了"中长期的高效率"。

该研究结果显示，我们无意间采用的"生产率"这个概念，实际上非常奇特。如果用刚才的蚂蚁群来比喻，那就是当还没有蚂蚁发现"新路线"时，正确按照信息素前进就被认为是提高生产率的最佳方法。

这种情况下，如果蚁群中混有无法正确追寻信息素的愚蠢蚂蚁，那么在它们偶然发现"新路线"之前，生产率会暂时低下。但我们可以加入"时间"和"偶然"两个要素。如果愚蠢的蚂蚁追寻信息素失败，然后"偶然地"发现效率更高的新路线，那么生产率就会飞跃性地提高。

也就是说，"中长期提高生产率"和"短期提高生产率"在这里变成了抉择关系。这是创新型管理的本质性难点。

为了能够提高短期生产率，人们排除一切失误及玩乐，一味地为了提高生产率而奋斗，这种方法或许有效，但如果一直这样，那么站在中长期的角度来看，并不能产生能令生产率实现飞跃性提高的"偶然发现"。

尤其像如今这般，未来预测不透明，答案正确与否也不明确，那么我们只能断定，一味追求短期生产率是 Old Type 的思考方式。

在这样的时代，需要的无疑是 New Type 的思考方式，即一面有意识地加入玩乐，一面有意识地增加偶然的发展机会。

玩乐和创新——如何战略性地加入偶然性

如果我们用组织论的结构来思考从蚁巢研究中获得的启发，那么我们会发现，那些数十年来一直有所创新的企业，很多不仅仅是因为具备追求生产率的"规律"，还因为它们绝妙地加入了"玩乐"这个要素。

比如代表性的 3M 公司。3M 有一项广为人知的规定，即研究岗位的职员可以自由支配 15% 的工作时间。

光听这句话可能会令人觉得"这可真是家自由奔放的公司呀"，但同时，这家公司对管理岗职员的要求却非常严苛，即在过去 3 年内发售的新商品必须超出销售额的一定比例。

也就是说，这家公司为了实现十分严格的"规律"而战略性地加入了"玩乐"，即为了"持续生产新商品"而"允许研究人员自由支配 15% 的工作时间"。

谷歌公司亦采用这种结构。在这些不断生产新服务和新商品的企业中，尽管结构和程度各不相同，但"规律"和"玩乐"都达到了绝妙平衡。

3M 和谷歌允许研究岗位自由支配一定比例的时间——我们可以将这种方式看作经营中的资源分配问题。人力劳动当然是一种经营资源，"让研究人员自由支配 15% 的时间"是因为人力劳动资源的 15% 是经营无法掌控的，所以企业让研究人员自由地去研究他们偶然间产生的想法。在可控领域中有意识地安排玩乐——这种做法为偶然的机会留出了余地。

人们一般对于投入的经营资源都有期望回报。也就是说，人们将资源投入那些能明确回答"有什么用"这个问题的经营活动，但这样就无法获得"偶然"带来的巨大飞跃。

在如今这种模棱两可的世界中，一味地追求"有什么用"而排除"玩乐"带来的偶然机会——这被称为是 Old Type 的思考方式。

另一方面，New Type 在"规律"中战略性地加入让人"玩乐"的余地，它追求的是发现意外事物的能力，即偶然带来的巨大飞跃。

历史上的伟大发明皆为偶然？——创新和商业化两难的困境

有一个很好的例子就是历史上的伟大发明。例如，发明大王托马斯·爱迪生为了发明留声机而连续 48 小时不眠不休地工作，但留声机究竟有什么用？这一点在当时并不明确。

尽管不清楚究竟有什么用，但爱迪生还是连续工作了48小时，这超越了常人的理解，不过发明这件事似乎就是"从零开始"。

我们一般都觉得发明是先设想"使用目的"，然后再进行发明，但历史上很多发明最终都在与初始目的完全不同的领域中创造出了巨大的经济价值。

这些事例告诉我们，我们常说的"只要用途没有明确，就无法发生创新"这种说法尽管不能说错，但很容易引起误解。很多创新只不过是"结果性地变成了创新"，按最初设想给社会带去冲击的案例却屈指可数。

那么，在用途不明确的情况下，我们是不是只按照兴趣自由开发就可以了？我觉得这样是不会有成果的。

学习过计算机历史的人应该都听说过施乐公司的帕罗奥多研究所事件吧？那是一个噩梦般的故事——"如果不明确用途市场就盲目地给研究人员的白日梦投资，那么就算能诞生非常伟大的想法，也连1日元都赚不到"。

帕罗奥多研究所率先开发出了一系列设备及创意，这些设备及创意在如今的计算机中应用已经十分普遍，比如鼠标、GUI[6]、面向对象编程语言等，但当时，帕罗奥多研究所没能将这些东西中的任何一种商业化，最后这些发明的成果全都被其他公司夺取。

在这里，我们发现了一个令人两难的困境，即如果过于明确用途市场，那就很容易错过创造出巨大价值的机会，但另一方面，如果在不明确用途市场的情况下就自由开发，那么并无把握能百分百实现商业化。

创新需要"自由思考"

因此，New Type 的直觉很重要，即"虽然不清楚有什么用，但总觉得有点儿什么"。

这可以说和人类学家李维·史陀所说的"手工活儿[7]"异曲同工吧。李维·史陀对南美马托格罗索州的中南美洲土著居民有所研究，他在《悲伤热带》一书中介绍了这些土著居民的一种习惯，即当他们行走丛林间发现某些东西时，虽然不知道当下有什么用，但想着"可能什么时候就有用了呢"，就无意地放入口袋里留存下来。

书中还说明了，实际上他们捡到的"不知道是什么的东西"之后解救了团体危机，因此"可能什么时候就有用了呢"这种预测能力为团体存续带来了十分重要的影响。

这种"手工活儿"正是 New Type 的思考方式，与过分重视预定和谐[8]的 Old Type 形成了对比。

李维·史陀将这种不可思议的能力拿来与近代化预定和谐的做法做比较，这种不可思议的能力即非预定和谐地收集现成的、正体不明的东西，然后在紧急时刻发挥作用。

比起以萨特为代表的近代预定和谐思想（即明确用途市场后再开发的思想流派），李维·史陀发现了更坚实、更灵活的思想，我们也会发现，实际上在近代思想的产物以及经典创新中，手工活儿的思考方式更为有效。

反过来，在如今的日本企业中，如果一种想法无法回答"这有什么用？"这个经营集团的问题，那么它就无法实现资源分配。但是我们绝对不能忘记，很多能改变世界的巨大创新都是受"不知道为什么总觉得这很厉害"这种直觉引导而实现的。

总　结

自然界系统包含各种失误，比如生物的遗传等。导致短期效率恶化的失误为什么包含在系统之中呢？因为如果从中长期的视角来看，失误导致的意外变化成为取得飞跃性进步的契机。

因此，为了提高生产率而尽可能减少失误、提高效率的做法就属于 Old Type 的思考方式，这种思考方式在 20 世纪后半期至 21 世纪初期占据支配性地位，很有可能扼杀中长期飞跃契机的萌芽。

尤其是如今这种不安定、不确定、复杂、模棱两可的世界，预测"未来不可或缺的是什么"这件事变得非常困难，因此，只考虑"什么是有用的"然后针对未来做准备这种 Old Type 的思考方式如今已几乎失去意义。

New Type 的思考方式介于两种方式之间，既不是确定地预测未来、只准备必要物，也不是完全不做任何准备。今后，这种"手工活儿"对于领导者来说是必备的素养，即

"在掌握大方向的基础上基于直觉和预感做准备，而不是令一切都预定和谐"。

审美意识

Old Type ▶恪守组织的规则与规范，毫不反对
New Type ▶遵从自己的道德与价值观，任性而为

10 遵从自我道德观重于遵守规则

我觉得比起20世纪60年代来说，现代更需要找出超科学等科学万能主义的替代物。如果不是科学，那么什么能给我们答案呢？虽然这一点很难明确表示，但其中一个答案应该是"逻辑"吧。人类应该做什么，不应该做什么，科学是无法划分界线的。

——村上阳一郎[9]

"任性"是最好的美德

20世纪前半期，近代社会的系统渐渐占据支配性地位，在这其中，诺贝尔文学奖获得者、作家赫尔曼·黑塞阐明了不顺从系统即"任性"的重要性。黑塞发表了一篇名为《任性》的评论，他在该评论中写道：

有一种美德，我唯一钟爱的美德，它的名字叫"任性"。我们在书上读到过许多美德，亦从老师的教诲中听闻过不少美德，但在这众多的美德之中，再没有像"任性"这般让我给予高度评价的美德了。尽管如此，人类想出的很多美德都可以用一个词来概括，即"服从"。问题只是服从于谁。也就是说，"任性"也是服从。但除了"任性"之外，所有备受喜爱与称赞的美德都服从于人类制定的法律。只有"任性"无视这些法律。"任性"之人从内心出发，去遵循非人类制定的法律、独一无二的、神圣的法律以及自己内心的法律。人们不爱"任性"这件事相当遗憾！

——赫尔曼·黑塞《任性》

正如黑塞所言，"任性"一般被用作贬义形容词，尤其是在日本。日本社会中，组织内部的赞同主义即顺势主义十分强势，可以说"任性"是最忌讳的个人特点之一吧。但黑塞却指出这个贬义形容词是"最好的美德"。他的证据就是，我们如今将历史人物如苏格拉底、耶稣、乔尔丹诺·布鲁诺等当作最佳美德的体现者，他们与当时的社会规则、规范对抗，遵循自己内心的道德及价值观，他们就是"任性之人"。

我们一般无条件地认为"遵循既定规则"是件好事，当必须做出某些判断时，我们会先确认规则，然后基于该规则去进行判断。但这种思考方式存在两大问题。

第一，当规范本身存在逻辑性问题时，很多人会因为遵循规范而脱离逻辑。你听说过美国民权运动的导火索"蒙哥马利巴士抵制运动"吗？当时，一名叫罗莎·帕克斯的工厂工人因为拒绝将巴士上的白人专用座位让给白人而被警察逮捕，这一事件引发了这场运动。

当帕克斯问"我做了什么坏事吗"时，警察回答："这个嘛……法律就是法律，就是这么规定的。"这是一个典型的悲剧性答案，这类人单单遵循既定的社会规范，而忘了去探究这种规范是否遵循了自己内心的"真、善、美"。对于这种人，罗莎·帕克斯毅然选择不遵循规则，不让出白人专用的座位，她的这一行为或许正体现出了"任性"。但她的"任性"成为起爆剂，导致蒙哥马利巴士抵制运动爆发，最终还引发了全美民权运动，改变了整个世界。

随着世界的变化，规范也会发生改变。事件发生"后"的人们看来，事件发生"前"的人们是多么无知、愚昧又野蛮哪。但这里有一个陷阱。是的，我们如今毫不思考、毫无批判地遵循的这些规范，在"之后"的时代的人们看来，很多规范也一定无知、愚昧又野蛮吧！黑塞所说的"任性之人"这个形象让很多人开始意识到其实这些规范也不完整。

第二，因为这种思考方式过于强势导致逆命题屡次被肯定，即"如果不存在能成为立足点的规则，那么做什么都可以"。但在当今社会，这种 Old Type 的思考方式可能会给当事人和社会都带来毁灭性的结果。

"只要遵守规则即可"导致毁灭

迄今为止，"只要遵守规则即可"这种思考方式一直作为一种规范发挥着有效作用，那么为什么它会导致毁灭性的结果呢？因为，有时规则的制定跟不上各种科学技术及商业模式的变化速度。在这样的世界，不遵循内心的价值观即不"任性"，只遵循外在的规则即可——这种 Old Type 的思考方式会令风险升高，容易导致决定性失误。我们不能单单遵循既定的规则，更有必要基于道德和逻辑等内在性规范去判断事物。

关于这一点，《为什么世界精英都在培养"审美意识"？》一书中已经详细介绍过，我们再次来确认一下原委，主要是两件网络投资悲剧。

第一件是 2012 年发生的"Complete Gacha 问题"。

Complete Gacha 是游戏中的一种计费结构。用户可以像"扭蛋"一样随机抽取卡牌，集齐指定数量的卡牌后可以合成获得稀有的卡牌，这种结构被概括称为 Complete Gacha。

尽管 Complete Gacha 在短时间内收益很高，但不久之后，不断有年轻人为了获得稀有的卡牌而向游戏支付高额费用，这产生了一种社会问题，最终，日本消费者厅指其"涉嫌违反景品表示法[10]"，勒令所有企业停止提供该服务。

第二件是 2016 年发生的数据处理媒体问题。网络服务公司 DeNA 运营的 WELQ 等多家媒体问题横行，比如报道错误信息、私自转载著作权不明的其他媒体报道，等等，这也成为一大社会问题。

尤其 WELQ 是提供医疗信息的网站。医疗信息和人的生命紧密相关，所以其可靠性非常重要，但很多企业却明确地回避责任，对于这些媒体的报道称"我公司对于提供信息的真伪及准确性概不负责"。

这些事例告诉我们一个道理，那就是一项事业始于经济利益，弃于社会性压力，无论是开始还是放弃都与内发性规范无关。尤其是人们在事业初始时期进行决策时，"既然法律没有禁止，那就没什么问题吧"成了他们的判断标准。

正因为处于不确定的时代，才应遵循"真、善、美"作决策

只以条文化的规则为依据，毫不考虑所作判断是否正当以及是否遵循"真、善、美"——这种思考方式相当于法学上的实定法主义。当然，在实定法主义的基础上，并不追究"法"本身的对错。刚才我们介绍的蒙哥马利巴士事件中，警察说过一句话："这个嘛……法律就是法律，就这么规定的。"这正是实定法主义的思考方式。

与之相对，我们将重视其他方面的法哲学称为自然法主义，它重视的是决策是否和自然界及人类的本性一致以及是

否遵循"真、善、美"。和实定法主义不同，在自然法主义的基础上，法本身的对错成为批判性检讨的对象。

实定法主义和自然法主义不同，实定法主义中的法是人为性的，以上意下达的方式制定。人们制定该法是希望它在当时固定且封闭的系统内部中作为一种规则发挥作用。

但是最近很多地方都出现了一种情况，即法律的完善跟不上科学技术和商业模式的变化速度。如今，这种情况尤其体现在遗传基因解析和人工智能等很难进行逻辑性判断的领域，因此，实定法主义的思考方式仅以法律和业界规则等条文化的规则为判断标准，这是非常危险的。

为什么说危险呢？因为仅仅由于"并不违法"就脱离逻辑时，恐将被施以社会制裁。

那么，我们应该以什么为判断依据呢？相信大家已经知道了。系统变化非常之快，条文化规则的完善追不上系统发展的速度，在这样的世界，自然法系的思考方式变得很重要。也就是说，我们应该遵循内在性价值观和审美意识，然后"任性"地进行判断。

可能会有人觉得，难道我们只能依赖那种虚的东西吗？我认为正相反。比起条文化规则，将判断自己内心固有的"真、善、美"这种方式作为标准更为正确，因为条文化规则受到系统影响，就像猜拳时不知何时规则就被修改为"后出拳者胜"。很多业绩持续优秀的企业都将这种"自我价值观"作为公司的根本方针。

谷歌的判断轴合理且具有战略性

例如，正如大家所知，谷歌公司的方针是"不要变得邪恶（Don't be Evil）"。这作为一种行为规范十分独特，我觉得把这句话的表述转化为"谷歌的价值观 = 任性"会更好理解。

谷歌所处的信息通信和人工智能领域瞬息万变，也就是说，这个领域中规则的完善速度慢于系统的变化速度，因此当人们运营大型事业时，如果仅仅遵循条文化规则去实施各种决策，那就有可能犯下致命性错误。

那么，我们应该以什么为判断轴呢？答案是"从正邪两面来思考吧"。谷歌提出这一方针并非受到加利福尼亚青年反主流文化的影响。在系统不稳定的世界，人类被迫进行前所未有的选择，在这样的事业环境下，为了避免致命性错误，谷歌的这项方针是一项非常具有战略性、十分合理的公司方针。

人们觉得这种"价值观"有利于大型经营决策的起因是谷歌和美国国防总部联合项目引起的一系列骚动。据《纽约时报》报道，针对谷歌协助美军小型无人机图像识别一事，谷歌内部开展了广泛的抗议活动，4600名职员签署请愿书要求停止协助，而且不断有人为表抗议而提出辞职。

对于将人工智能帮助识别图像这一手段用作武器的经营判断，谷歌职员没有固守法律和业界的规则，而是遵循内发性逻辑和道德规范，以强硬的态度向经营集团提出了意见。最终，谷歌集团接受了这场抗议，甚至制定并发表了不把人工智能用作武器这个原则。这个案例简单易懂地体现出组织成员的审美意识和价值观对于经营者产生了极大牵制。

日本网络企业仅追求短期利益，而规则一直处于未完善的状态，美国网络企业则反之，舍弃短期利益，立足于中长期视角，最终，日本企业并未如美国企业那样在经济上取得成功，这实际上相当讽刺。

科学技术的发展远超过人类的想象，同时，世界渐渐变得不安定、不确定、复杂、模棱两可，在这样的情况下，尽管科学技术和人类一直保持着"人类为主，技术为从"的关系，但如果要将发展的科学技术更好地应用于建设人类社会，那么我认为，人类必须重新建立一个脱离规则的立足点用以判断事物。

总　结

当今世界，遗传基因解析和人工智能等一些先进的、给予社会极大影响的领域都处于规则未完善的状态，因此，一种"成熟才智"变得不可或缺，即不依存于规则，而是基于自己内在的规范和审美意识去判断事物。

近10年间，日本新兴网络公司等发生了各种不幸之事。经确认发现，它们属于同一种失败模式，都是先找出规则未完善的领域，然后投机发财，之后遭社会厌恶退出市场。

谷歌公司的根本方针是"不要变得邪恶"，它曾与美国国防总部联合进行人工智能相关的研究，而这项研究很有可能获得暴利，但最终迫于员工的压力而停止合作。可以说这个案例体现出一个拥有自我审美意识和规范的组织如何才能令自己的工作符合高标准。

在发展速度很快又复杂的世界，只依赖于外在规则来规范自我行为的做法风险过高。今后，如果不遵循自己内心的"真、善、美"标准来规范自我行为，那就无法避免大型事故。

11 同时平衡多个标准

　　我们从很久以前开始就只用"量"来衡量个人优秀程度和共同体价值。如果以国民生产总值（GNP）来测算美国的价值，那么 GNP 包括大气污染、香烟广告费、因交通事故而出勤的救护车，凝固汽油弹、核弹头以及镇压暴动的装甲车或许也包含在内……另一方面，GNP 不包含诗歌的魅力、家庭的牵绊、社会辩论的才智以及公务员的正直，或者我们的机智、勇气、智慧、学问、同情心。也就是说，GNP 衡量一切，却不衡量令我们的人生有价值的东西。

——罗伯特·F. 肯尼迪

量性指标失去意义

迄今为止，"物质过剩的同时，问题稀少化"这种情况告诉我们，我们正在面临"量性指标失去意义"这一事态。

一直以来，"量"除了衡量对方的表现力，也是一个非常方便的标尺。代表性例子就是国内生产总值（GDP）。GDP 曾是反映社会"富裕程度"的指标，十分便利，但如果它超过了一定的标准，那么就和幸福度等质性指标完全失去关联，作为指标也就失去了意义。"量性指标失去意义"这个问题在各种领域均有发生。

例如让我们来看一看寿命。人类的平均寿命呈长期性延长趋势，恐怕不久的将来就会达到 100 岁，但是如果要问这个数字再增加有着怎样的意义，多数人都答不上来吧？

平均寿命 40 岁翻倍为 80 岁和平均寿命 80 岁变成 160 岁的意思完全不一样。这里的问题在于"老年人生的质量"。也就是说，寿命的重点已经从"量"的问题转变为了"质"的问题，如果不改善"质"，那么即便计划提高"量"，也全无好处。

同样的事情也可以用来描述家电和汽车的性能。例如，各位读者朋友家里的电视机遥控器都有很多按钮吧？甚至多到令人觉得奇怪。为什么需要这么多按钮呢？我们并不知道这么多按钮究竟有什么作用，最后一次都没用过就废弃了，不是吗？

为了附加这些机能，自然需要付出一些成本。但若接受方没享受到该机能带来的好处，其效用就不被承认。也就是说，比起说是仅增加成本却未增加价值，倒不如说是因为增加太多机能导致使用麻烦，效用反而降低。

　　如果这样做，生产率自然会低下，很多日本企业一味追求从量上提高"有用"机能，从而无法思考提供其他价值，于是它们一如既往地致力于量性提升，在"生产力低下的捷径"上埋头向前冲。

　　同样的事情也可以用来描述汽车。如今，日本出售的很多汽车都搭载有数百马力的引擎，且均配备了完整的计算机控制系统以便安全地使用这些马力。但是，日本的法定最高时速只有100千米，那么我们为什么需要那些如果不用计算机控制程序就无法控制的马力呢？在日本，路上明明至多只能时速几十千米呀。计算机软件用于提高并控制引擎输出功率，而开发及实装这些软件自然是成本增加的一大要因。

　　但是另一方面，因为日本的路上至多时速几十千米，所以实质性效用几乎没有提高。如果说因为马力上升导致更不允许操作失误，更应该说是效能低下吧。[11] 这里也同样产生了"无意义的量性提高导致生产率低下"的问题。

　　这种现象即"每增加一个单位的量，所增加的效用就越小"，在经济学中被称为"边际效用递减法则"。

　　所谓"法则"即普遍性现象，而我们却依然用量性的单一指标去判断事物的好坏。但就如之前所说，各种领域中再多的"量性改善"也几乎没有意义，在这样的世界，以量性指标去衡量及管理各种事物表现力是 Old Type 的方式，而这种方式下，边际效用递减法则就会成为绊脚石，Old Type 就无法创造价值。

GDP 导致垃圾工作增多

最近，各种领域都掀起了"增长经济还是稳定经济"的争论。虽然我觉得这也算是个重要的论点，但有一点我略微有些担忧，那就是无论是说"增长很重要"的一方，还是说"过渡成稳定吧"的一方，都是以 GDP 这个量性标准作为争论的前提。

两者乍一看是完全对立的意见，但在"将经济这一指标作为规定社会应有状态的标准之一"这一点上却几乎相同。

然而，仅以量性经济指标就可以规定社会应有状态的时代早已终结。也就是说，真正应该问的不是"增长还是稳定"这个问题，而是"代替经济的新质性指标是什么"。

虽然各个领域早已开始争论这个问题，但我还是想在此重申，在如今的日本，"GDP"等经济指标作为反映社会健全性及福利程度的指标毫无意义。

在这种情况下，一味地只追求经济指标可以说是典型的 Old Type 的思考方式。我们正在走向一个新的时期，在这个时期，我们应该放弃经济这个指标，而使用从多角度测算并管理社会健全性和幸福程度的指标。

正如大家所知，GDP大约始于100年前的美国，当时人们为了"阻止大恐慌"而以将"问题的大小"定量化为目标，从而创造了这个概念。

当时的美国总统赫伯特·胡佛有一项重要任务就是阻止大恐慌，但他手边的数据仅有股价、铁等工业材料的价格以及道路运输量等数据碎片，却没有数据能作为政策立案的立足点。

企业接二连三地破产，无家可归之人日益增加，如果我们面临这样的情况，显然我们感觉到了"有什么东西变得很奇怪"，但对于"整个国家是什么情况？情况是改善了还是恶化了"却毫无头绪。

美国议会为了应对这一情况，于1932年雇用了一个名叫西蒙·库兹涅茨的俄罗斯人，并委托他就"美国能制造多少物质"进行调查。

几年后，库兹涅茨向美国议会提交的报告书中提出了一个基本概念，即如今我们所说的GDP。

必须注意的是，原本库兹涅茨接到的任务是调查"美国能制造多少物质"，但是就如前文所述，对于现代人来说，物质已经过剩，进一步提高这个指标的刻度变得毫无意义。

哦不，倒不如说，因为要提高这项指标，反而导致丧失"意义"的垃圾工作蔓延，制造出大量垃圾，对环境造成极大负荷，如此想来，应该说是弊端更多吧。

如今，GDP等经济指标作为反映"富裕程度"和"健全性"的指标已经丧失了意义。在当代日本，价值源泉正从"物质"转变为"意义"，如果依然采用 Old Type 的思考方式，即只用"物质的量"来衡量价值大小，那就无法构建"富裕健全的社会"，现在需要的是 New Type，令代替经济指标的新"质性指标"并存，并灵活运用。

日式双重标准：并行采用多个标准

这样说的话，可能会有人觉得这是不是"代替法"呢？就是将失效的系统替换成其他系统，但其实并非如此。我想说的并不是从某个单一的标准转换为其他标准，倒不如说是同时采用多个标准。

Old Type 认为采用量性的单一标准就可以判断事物的"好"与"坏"，而 New Type 则否决单纯地用单一指标去判断事物。也就是说，New Type 的做法是在采用多个标准的同时避开致命性事故，旨在取得稳定的成果。

其实回头想想，日本原本就擅长同时采用多个标准并完美平衡。

作家山本七平在其所著《"空气"的研究》一书中描述了一个小插曲，讲的是他所在的俘虏收容所里，美国士兵给日本战俘灌输进化论。美国士兵认为日本人信奉天皇、无知愚昧，他们想要教日本人人类并非由神所造，而是从猿猴进化而来，当山本七平等日本士兵说"我们知道"时，美国士兵非常惊讶，反问道："那你们为什么还信奉天皇？"

原因只是日本人觉得"不是一回事儿"。

可以说这是展现日本人"双重标准特征"的典型案例。对日本人来说，这些是理所当然的"两码事儿"，但对美国人来说，却是令人惊讶的思考方式。

双重标准这个特征作为一种系统，体现在我们的语言上。实际上我们在做着一件非常精妙的事情，那就是我们在日常生活中混合使用着4种文字。

最初的日本文化中并没有文字，大约在古坟时代，从中国传入了大量的汉字和佛教经典等。如果如今的我们面临这种状况，恐怕会和学习英语一样地学习中文，然后和中国人进行交流吧。但是，当时的日本人并没有直接引入中文，而是采用了实际上很巧妙的应对方式，他们保留了当时日本人使用的口语，然后加入汉字作为借字。

最终，人们在日常生活中混合使用汉字、平假名、片假名、外来语这4种文字，而且汉字本身已经应用了双重标准，即分为"音读"和"训读"——人们很轻松地做着这种意想不到的复杂之事。

有些国家以第一公用语和第二公用语的形式同时使用两种以上的语言。两种系统排他性地发挥着作用，恰好就是双重标准，不过日本的系统并非如此，而是一个大型系统之中，很多不同的东西一体化后相互融合，所以是双重标准。

虽然日本也从海外引进各种东西，但并没有像其他国家一样将这些东西作为独立的系统使用，也就是说，日本人原本就不擅长单一标准。

日本这个民族一直采用的就是"双重标准"，即通过并行使用多个标准，巧妙地避免因仅使用单一标准而导致事故。

但是明治以后，人们舍弃了双重标准，一直做着原本就不擅长的事情，然后陷入了像现在这样的闭塞状态。关于这一点，我觉得我们有必要再次加以思考。

量性指标无法衡量"意义"

"双重标准很重要"亦与前章中指出的"意义市场的战争"有关。

像我们之前所说的那样，在"有用"的市场，因为评价指标收缩，所以"量性指标管理法"有效发挥了作用，即设定所谓的关键绩效管理指标然后加以改善。但这种方法在"意义"的市场无效。这自然是因为"对于某个人的意义的大小"无法数值化。

比如代表性的意义市场"时尚品牌"。对钟爱 COMME des GARÇONS 的人来说，COMME des GARÇONS 这个品牌的服装所具有的意义，以及对钟爱三宅一生的人来说，三宅一生这个品牌的服装所具有的意义，都是独一无二的，必定无法数值化。即在"意义的市场"，顾客价值无法数值化，也无法设定关键绩效管理指标然后进行管理。

面对这样的市场，如果依然固执地采用一贯的管理手法，即从前在"有用"市场中发挥有效作用的方法，那么最终会陷入这样一种境地：只剩下脱离意义的数值，而重要的意义却被舍弃，从而失去竞争力。

在这样的状况下，一味地设定量性指标，并欲将其作为决策立足点的方式可以说是 Old Type 的思考方式。

另一方面，在这样的市场中，New Type 则综合性地凭直觉进行判断，即虽然将量性指标作为双重标准之一，但也包含了无法定量化的质性价值判断。

总　结

如今人们均采用量性指标去衡量事物的表现力。但因为量性指标都是"边际效用递减法则"在发挥作用，所以越改善量性，效果就会越小。

尤其在日本，GDP、寿命、家电产品性能等"量性指标"即便再加改善也已经令人觉得没什么意义，而另一方面，人们对"幸福""生存价值""意义"等"质性评价"的关注度越来越高。

Old Type 的思考方式是只依赖用数字就可以衡量的"量性指标"去判断事物好坏并进行管理，但在这样的时代，无论是从改善事物的观点还是从相关者动力的观点来看，这种方式都早已无效。

日本人原本就不擅长按单一指标上意下达地思考，而擅长同时采用多个指标，然后通过平衡这些指标成功探索"感觉不错的时机"。

今后人们需要的是 New Type 的思考方式，即不仅仅是量性指标，同时也应该追求质性层面，令两者良好平衡，促进量性与质性一并发展。

---

1 摘自沃尔特·艾萨克森所著《史蒂夫·乔布斯传》第 94 页。

2 我的想法并不是"从逻辑到直觉"这种"替换建议"，而是"逻辑与直觉并行"的"双重建议"，但却大多被理解成为前者。

3 将某事物作为应解决的状态的问题来把握的意识。

4 要求高度的专业知识或技能的特定职种。

5 动物体内产生并分泌排放到体外的、会引起同种个体间的特殊行为和生理作用的有机化合物。

6 图形用户界面。

7 与讲究科学的专门技术相对而言。

8 莱布尼茨用语，指由单纯而又相互独立的单子的统一体形成的世界的和谐一致是由上帝的意志预先安排好的。

9 村上阳一郎（生于 1936 年 9 月 9 日），日本科学史家、科学哲学家、东京大学及国际基督教大学名誉教授、丰田工业大学次世代文明中心馆长。

10 日本一部广告监管的重要法律，即不正当景品及不正当表示法。其中景品是指娱乐活动、特定活动发售、奖券抽取所获得的动漫周边。

11   最近频繁发生因老年人操作失误导致的交通事故。很多老年
人都是因为分不清油门和刹车，但仅仅因为"踩错"就轻易
地令略超过1吨质量的物体向前猛冲——我从很早以前就认
为这种操作系统存在着很大的问题。无论飞机还是船舶，都
由一种很简单的系统控制加减速度。但是为什么那么多人开
的汽车上，安装的控制系统却是油门和刹车并行的、复杂的
双重系统，还要用不灵活的脚去操作，而且丝毫没有要改良
的趋势呢？另外我还想指出安全装置的问题。人人都知道枪
支很危险，一定要备有抵御盲射的安全装置。但汽车上为什
么没有配备？汽车明明可以随意释放几乎和枪支同等的能量，
因"一瞬间踩错"就会释放出数万牛顿的力量。日本所有道
路的最高时速均不超过100千米，如果一味地提高马力，那
么我认为，安装"绝对不会失控"的安全控制程序就十分重要，
但遗憾的是，如今几乎没有汽车公司有意采纳这样的建议，
也许是因为无法获利吧。

THE RISE OF
NEW TYPE

第 5 章

New Type 的
工作风格

——从低流动性到高流动性

流动性

Old Type ▶从属且局限于单一组织
New Type ▶跨越组织界限，灵活运转

12 跨越多个组织

"工作是伟大的"这个信念带给世界很多危害，
要想走上幸福和繁荣的道路，关键在于有计划地减少
工作。

——伯特兰·罗素[1]

为什么企业不会消失

1937 年有一篇具有划时代意义的经济论文《企业的本
质》，作者罗纳德·科斯在其中提出了一个本质性问题，即
如果市场那么优秀，那为什么这么多的经济活动都是在企业
组织中进行?

这个疑问相当于，如果市场能实现社会资源合理分配，
那么拥有职业自主权的人按需求合作项目，然后在项目结束

后解散，这种做法明明应该是最高效的，为什么很多人要在官僚性大型组织中从事经济活动呢？

科斯给出的回答是"费用最小化"。

在机能健全的市场中，成本高的组织无疑会在竞争中落败。因此科斯认为，市场幸存的"劳动形态"即大型官僚企业组织因为在成本方面占据有利地位而未被自然淘汰。

只是，市场的效率本应高于其他一切系统，但为什么在效率方面，自由的劳动市场却不如大型官僚企业呢？科斯认为这是因为市场中部分领域的某些环节没有效率。

搜索成本：搜寻价格标准与交易对象所花费的货币成本和时间。

谈判成本：与交易对象谈判直至双方达成一致所花费的货币成本和时间。

签约成本：确认与交易对象达成一致的内容及签署有效合同所花费的货币成本和时间。

监督成本：监督交易对象是否履行合同所花费的货币成本和时间。

你是否察觉到科斯指出的"劳动市场的无效率性"中的共同点？没错，这些问题均与"信息"有关，也都受到如今快速普及的电子技术影响。

正因为企业在经济活动中的交易总费用小于市场，所以企业的优势更大，但一系列电子技术却导致这种关系颠倒，甚至还有可能提升劳动市场的优势。

"垄断化"与"分散化"并驾齐驱

也许有人不认同这种观点。但各种统计都显示企业垄断化的程度提高，即所谓的"大型企业"变得更有存在感。

例如经济杂志《经济学人》对美国各产业的 893 家公司进行了调查，结果显示，前 4 名公司的份额（基于销售额）的加权平均值（将各数值乘以相应的权数，然后加总求和得到总体值，再除以总的单位数）从 1997 年的 26% 增长到了 2012 年的 32%。[2]

再比如发生在我们身边的事，2000—2005 年，日本手机销售份额排名前 4 的公司的总销售份额在 50% 上下，2018 年时上升至 80% 上下，垄断化倾向十分明显。

汽车、家电、金融、通信、流通等业界亦如此，因此，"企业优势少于市场优势"这一主张并不正确。

我曾提出，如今很多人并不固守于一家企业组织工作，而是活跃于多个组织，的确，这可能会令人觉得与大型企业垄断化的现象互相矛盾。但其实这是一种两极化现象，大型企业垄断化和个人兴起趋势各为两个极端。

各种统计显示，不隶属于企业的人即所谓拥有职业自主权的人呈增加趋势。例如，日本厚生劳动省公布的自由职业白皮书显示，日本如今存在 1000 余万名自由职业者，且该数字还在上升。美国更甚，如今有 5000 余万名自由职业者，有预测称在不远的将来，自由职业者将会占据劳动力总数的一半。

也就是说，我们应该考虑到，大型企业垄断化的趋势和自由职业者等少数人员兴起的趋势正在同时发生。

本书已经指出，在"有用"的市场中龙头垄断有所发展，与此同时，在"有意义"的市场中，全球缝隙导致的多样化也在发展，我们可以认为这种现象也是两极化的表现。

再者，最初"大型企业垄断化"这种趋势和自由职业者增加其实并不矛盾。如果那些不隶属于组织的自由职业者通过苹果、谷歌、亚马逊等"支配性企业"提供的平台能取得成功，那就意味着大型企业垄断化和自由职业者兴起同时发生。

例如我撰写本书的 2019 年，YouTuber 霸占了小学生憧憬职业榜单的前几名，而这个职业也是因 YouTube 这个巨大的平台而产生。

也就是说，最终出现问题的既不是大型企业也不是个人职业者，而是介于两者之间的组织和个人。

"V 字谷"在竞争中更深

让我们以所谓的"利益率和规模的 V 字谷"为例来思考这个问题。众所周知，如果我们以纵轴为利益率，横轴为销售额来评价企业，那么很多行业都会出现 V 字谷。

接下来，让我们在 V 字谷现象中来思考一下大趋势是如何发展的吧。受经济全球化影响，依靠规模优势参与竞争的各大型公司之间进行竞争决斗，最后分化为极少数的胜利者和大量失败者。

因为规模战必须扩大地理范围，所以没有哪家企业能从这场战争中逃离。对于靠规模竞争的企业来说，在全球竞争战场中进行决斗是它们无法躲开的宿命。最后，中等规模的企业就会陷入战斗的洪波然后消失。

那些少数派又怎么样了呢？今后他们在规模层面的劣势会越来越小，定位会越来越精准，可以在更广阔的范围内找到有所共鸣的顾客。

在这个变化的过程中，无法获得强烈共鸣的、半途而废的群体也一样会消失。

也就是说，因为经济全球化和技术平台的发展，各个行业的 V 字谷都变得更深。

从侧面来看这种现象的话，因为大型企业进一步扩大规模，因此这也是一种"垄断化发展"即之前所说的各种行业发生龙头垄断现象的原因。另一方面，缝隙企业日益激进、多样化，"大型组织"和"自由职业者为中心的计划性组织"这两极形成了市场。

职业的"杠铃战略"

这两极中，我们应该选择哪一边呢？正确答案是"两边都选"。

这就是《黑天鹅》和《反脆弱性》等全球畅销书籍的作者纳西姆·塔勒布命名的"杠铃战略"。所谓杠铃战略，就是同时拥有两种风险极其不同的职业，塔勒布以"90%会计师+10%摇滚明星的生存方式"为例对这种战略进行了说明。

嗯？不太理解？

简单来说就是将因上涨和下跌而导致风险呈非对称性的两种工作相互结合。

例如，做一名摇滚明星不需要什么大型投资，最多就是自费出专辑，就算卖不出去，损失的也不过是专辑制作费而已。也就是说，下跌的风险非常小。

另一方面，如果碰巧售出了专辑，那就将获得巨额报酬及好名声。也就是说，上涨的可能性非常大。这就是"因上涨和下跌导致风险呈非对称性"。一方面拥有相对稳定的职业，同时在人生中加入突变的上涨可能性，这就是塔勒布所说的杠铃战略。

你可能会觉得——欸？有可能存在那样的生存方式吗？但这其实并不稀奇。当我们回顾建立丰功伟绩者的职业生涯时就会发现，采用杠铃战略后大获全胜的人数不胜数。

"杠铃战略"的实践者——爱因斯坦

典型例子就是爱因斯坦。

爱因斯坦无疑是20世纪顶尖的物理学家，他凭借"光量子假说"荣获了诺贝尔奖，但"光量子假说"的论文其实是他在伯尔尼的专利局担任审查员时利用空闲时间写下的。

也就是说，爱因斯坦一边做着专利局职员这种风险非常低的工作，一边写着科学论文，并凭借这篇论文荣获了诺贝尔奖。

写论文几乎没有下跌的风险，即便失败了，失去的也只是时间和写论文用的纸张之类的东西罢了。但上涨的可能性却是无限的，这篇论文促使他在全世界享有盛名，因此可以说这就是典型的杠铃战略的成功案例。

在本书的第1章中，我曾指出世界正在逐渐变得不安定、不确定、复杂、模棱两可，也就是变得不可靠、无法预测。一般来说，人们认为不可靠是消极的，所以极其避讳，但其实不可靠性不仅有下跌风险，也有上涨可能性，这一点我们不能忘记。也就是说，将不可靠性从人生中驱逐出去这件事意味着失去了"突变"的可能性。另一方面，如果只做一份工作，那么当那份工作的下跌潮袭来时，生活就会毁灭。因此，"从事多个风险类型不同的工作"才是正确的战略。

这并不是什么新颖的想法，在企业战略的领域，"资产组合"这种想法从以前开始就广为人知。企业资产组合需要一边经营稳定创造财富的"当下事业"，一边着手于多个将来可能会发生突变的"未来事业"。

个人职业自然也是如此。

正如我们在大趋势中说明的那样，在人类寿命临近 100 岁的同时，企业的寿命却在渐渐缩短。迄今为止，事业的生命周期曲线一直趋于平稳，但如今却越来越如猝死般匆匆终结。

在这样的时代，不得不说 Old Type 的行为方式风险极高，即仍然依靠"一心一意""一生悬命（表示拼命）"等价值观来选择职业。New Type 的做法则是将风险类型不同的工作相互组合，横跨各种组织，令稳定性和上升并存。

总　结

为什么几乎所有的经济活动都不是通过市场交易，而是基于官僚性大型企业的管理和统制而形成的呢？经济学家罗纳德·科斯对这一点进行了研究并得出结论，这是因为比起市场，信息在企业内流通的成本更低，能够更有效率地协调经济活动。

如今，科斯指出的信息流通成本快速低价化，在劳动市场中，不从属于企业工作的劣势相对变小。在这样的世界，如果一如既往地作为"组织人[3]"从属于组织工作，那么升高的只有风险，回报却在减少。

今后，世界两极化将会进一步发展，即大企业的市场垄断化以及个体等小型组织的多样化与混乱。这时，选择哪种立场将变得十分重要，风险最低的是杠铃战略，即"站在双方立场工作"。

努力与成果

Old Type ▶坚持停留在现有层面努力

New Type ▶定位于能取得胜利的层面

13　在能够提升自我价值的层面努力

记者：成功艺术家的秘诀是什么？

安迪·沃霍尔[4]：适当的时候身处适当的地方。

"只要努力，梦想就会实现"的价值观十分危险。

很多人都认为，即使身处暗无天日的地方，只要脚踏实地地努力，那么终有一天会有回报，他们坚信"世界理应公正，实际亦如此"。社会心理学将这种世界观称为"公正世界假设"。"公正世界假设"的提出者是美国心理学家梅尔文·莱纳，他因研究正义感而创下了先驱般的成绩。

据莱纳所说，信奉公正世界假设的人认为"社会上，努力的人会获得回报，不努力的人则会受到惩罚"。当然，如果因为拥有这样的世界观而被激发动力，那也是好事，我们不否认这一点，但顽固地执着于这一点则可以说弊必定大于利。

我们要注意，那些被"公正世界假设"所束缚的人，他们宣扬的"只要努力，梦想必会实现，如果没有实现，那就是因为不够努力"这种极端的主张，完全是"努力原理主义"。

的确，如果是生产物质就直接创造出价值的时代，那么通过不断努力也许可以提高表现力。但本书已再三指出，如今的世界"物质"过剩，已逐渐偏离"价值"最初的定义。

在这样的时代，Old Type 的思考方式非常危险，即顽固地执着于"只要努力就能实现梦想"这种价值观的风险极高。

"1 万小时法则"的不全面性

有些人天真地相信"努力就有回报"，并拿出了他们所认为的证据，即所谓的"1 万小时法则"。

"1 万小时法则"是美国作家马尔科姆·格拉德威尔在其所著《天才！成功人士的法则》一书中提倡的法则，重点总结如下：

获得巨大成功的音乐家和运动选手都花费了 1 万个小时用来训练，这时间长得令人晕厥。

没有人花费少于 1 万个小时的时间就达到世界级别，也没有人花费 1 万个小时训练却达不到世界级别。

也就是说，"如果累积 1 万个小时的训练量，你就能跻身一流之列"，那么格拉德威尔是以何为根据提出了如此大胆的主张呢？他列出了以下 3 点：

一流小提琴家都在童年时代花费 1 万小时练习。

比尔·盖茨在学生时代花费 1 万小时设计程序。

披头士乐队在出道前花费 1 万小时在舞台上演奏。

但是，以上事实并不能导出格拉德威尔倡导的"如果积累 1 万小时的练习就能成为一流人士"这个命题——如果你对形式逻辑学多少有些了解，那么当你读到这里时应该马上就会注意到这一点吧？

很多主张"努力比才能更重要"的书籍都存在这一错误，并不仅仅是格拉德威尔。例如大卫·谢科在其所著《考察天才》一书中提及"天生的天才"的代表性人物沃尔夫冈·莫扎特，莫扎特从小开始就一直进行集中性训练，大卫·谢科就以该事实为论据，得出"努力比才能更重要"的结论，这是常见的初步性逻辑错误，事实上完全不能证明命题。

首先，真命题是"命题 1 天才莫扎特也曾不断努力"，这个命题的反命题是"命题 2 只要努力就能成为像莫扎特那样的天才"，孩子们常常会犯"反命题"错误，即将命题 2 当作真命题。

正确的是"命题 1 天才莫扎特也曾不断努力"这个真

命题所导出的对偶命题，即"命题3 不努力就无法成为莫扎特那样的天才"，而不是"只要努力就能成为像莫扎特那样的天才"。

那么，努力是不是"完全没有意义"呢？当然不是。

例如，普林斯顿大学副教授马克纳马拉的团队用统计的概念与方法对88项"自觉性训练"的研究进行了分析，并得出了十分正确的结论，即"练习对于技能的影响大小根据技能领域各不相同，人学会技能所需的时间并不固定"。[5]

有意思的是这篇论文所总结的各领域中"练习量多少导致表现力差异的程度"。

- 电视游戏……26%。
- 乐器……21%。
- 体育运动……18%。
- 教育……4%。
- 脑力相关职业……1%以下。

格拉德威尔从小提琴家相关的研究中导出了"1万小时法则"，我们从这篇论文的研究结果可以看出，乐器演奏的确是练习量对表现力的影响相对较大的领域。

但这也暗示了，在和我们大多数人都有关系的脑力相关职业领域，努力程度和表现力几乎毫无关系。

这些数据告诉我们，格拉德威尔所主张的"1万小时法则"会将人引向错误的道路。

"努力就会有回报"这个主张反映出了一种世界观，听上去的确很美好，但那只是愿景，现实世界并非如此，如果不面对这个事实，那么就很难将"自己的人生"过得丰富有意义。

只要不改变"努力的阶层"，就算加倍努力也白搭

"努力"不是没有意义，重点在于"提高努力的阶层"。

努力存在阶层性。例如在某个职场，当你明明比别人加倍努力却毫无成果时，也许并不是因为你不够努力，而是"选错了地方"，即这个工作所需的资质与你本人的资质不相匹配。

这时，你可以维持现状，继续一味地努力，即"阶层1的努力"，也可以开始"阶层2的努力"，即认清"跟不上"这个事实，然后思考自己究竟适合怎样的工作，接着收集各种信息，去寻找下一份工作。

从职场人士的角度来看，做"阶层2的努力"的人看上去可能像是"逃跑了"，但其实并非如此，全盘接受被分配的场所，然后一味地持续简单的努力——正是这种阶层1的行为方式，才可以"逃向不用费劲的努力"。

这两种不同阶层的努力中，今后更需要的或许是阶层2的努力。就如已经在第1章的大趋势中所说的那样，如今，

我们的职业生涯呈中长期性延长的趋势，与此同时，世界瞬息万变，人和工作的关系相较于过去，变化周期变得更短。

这时，如果继续坚持 Old Type 的行为方式即想依赖于阶层1的努力解决问题，那么就很可能会变成这样一种状况：在无论怎么做都不会有成果的场所继续做无谓的努力。当今世界需要的是 New Type 的行为方式，即一边灵活机动，一边不断提高自我价值。

山中伸弥：改变定位后荣获诺贝尔奖

典型案例就是获得诺贝尔奖的山中伸弥，他正是实践了这种 New Type 的工作风格，即通过改变定位，提高自我价值，最后取得了巨大的成果。

山中先生一直梦想从事运动整形外科的工作，1987 年他成为一名整形外科进修医生，但他感觉到自己并不擅长手术，于是在两年后进入药理学研究科学习基础医学。

但是，他在传统药理学上也遇到了巨大挫折，尽管如此，他在研究的关键时期遇到了基因缺失小鼠（为了推断遗传基因的机能，而令特定的遗传基因非活性化老鼠）并备受冲击，直觉告诉他，黑暗中出现了光明。

此后，他获得了博士学位，并在美国格莱斯顿研究所从头开始学习分子生物学，对可多向分化的 ES 细胞抱有浓厚的兴趣。山中先生回到日本以后成为大阪市立大学医学部助手，并从头开始研究 ES 细胞。

他的研究内容是"用皮肤等处的体细胞制作和 ES 一样的细胞，而非从受精卵中提取培养的胚胎"，此前从未有人尝试过这项挑战，谁都不知道能不能成功。但是一旦成功，就可以避免使用受精卵这种道德性问题以及免疫排斥问题。

听说山中先生在做助教时就已决定，如果失败，他就放弃做一个科学家，然后去当一名乡村医生。这项研究与不久后发现 iPS 细胞也有关系，而发现 iPS 细胞令山中获得了诺贝尔奖。

山中的职业经历给予我们各种启发

他一开始的目标职业是运动整形外科医生，但他觉得不适合自己，于是两年后转了职业方向，很多人都觉得太快了吧？但是作为一名医生，能够选择在哪个领域生存即定位的时间其实并不多。如此看来，"两年看透"也许也是一种勇气。

之后，山中先生投身于药理学，虽然也遭遇了挫折，却获得了与之后研究相关的重大启发。

遇到挫折然后逃跑，但又不是单纯的逃跑，而是尽可能带走能带的东西，并活用于下一个领域。正因为如此，知识和经验的多样性才得以增加，这和最终创造出独一无二的智慧成果密不可分。

山中先生的职业经历展现出了 New Type 行为方式带

来的巨大成果，即"不在一棵树上吊死，而是通过不断尝试定位，寻找自己最能发光的地方"——虽然日本人一般比较避讳这种做法。

总　结

"只要努力就会有回报"这个命题具有误导性，实际上根据个人适应性、场所以及"努力"的不同，得到的回报也存在很大差异。

胡乱努力得不到回报。重要的是努力的方向和自我适应性相互契合，以及用对努力的劲儿去提高技能，如果没有满足这两点，那么努力最终很有可能变成"徒劳"。

人们常说的"1万小时法则 = 无论是哪个领域，只要完成 1 万个小时的训练量，就能跻身世界之流"尽管不是全错，但并非适用于任何领域，我们从研究结果中可以知道，训练量和技能的提高根据技能领域的不同而各不相同。

我们都知道，"经验质量"和"工作环境"有利于发展与成长。为了改善"经验质量"和"工作环境"，我们必须有计划地进行定位，以找到适合自己的"场所"。胡乱努力的 Old Type 始终在原地踏步，与之相对，New Type 则通过改变自己的场所即改变定位来加速自我成长。

积极性

Old Type ▶因命令而工作
New Type ▶因好奇心而工作

14　置身于适合自发性动机的"场所"

> 如果工作是快乐，那么人生就是极乐世界！
>
> 如果工作是义务，那么人生就是地狱！
>
> ——高尔基《在底层》

为什么大型企业的网络事业会失败？

搜索引擎、电子商务、视频共享网站等如今很多人使用的网络服务，运营商几乎都是 30 年前还未出现的新兴企业。

虽然很多人都觉得这是理所当然的事情，但仔细想一想，难道不觉得这很不可思议吗？为什么当时的大型企业没能成为这种事业的主要运营者呢？这种事业明明能创造出巨大的财富呀。

虽然这种说法过于直白，但我们不得不说，这是因为"能力欠缺"吧？虽然很多人已经忘记了，但当时的大型企业也曾挑战过搜索引擎和电子商务等事业，只是以失败告终。

例如，IBM于1996年开始大张旗鼓地搞World Avenue电子商店街服务，却损失惨重，于1997年退出市场。

20世纪90年代后半期，许多评论家都对很难盈利的亚马逊的未来感到十分悲观，这是因为基于IBM的失败先例——"连IBM都失败了，资金、人才、科学技术都很匮乏的亚马逊没道理会成功啊"。但如今我们知道，大型企业的网络事业几乎都以失败告终。

又如日本最先开拓搜索引擎服务的既不是雅虎也不是Lycos（最大的西班牙语门户网站），而是NTT（日本电报电话公司）。NTT在1995年开发了名为"NTT Directory"的自动搜索引擎，而雅虎日本的服务则开始于1996年，因此从时间上来看，NTT更早，但对比企业价值升值好几万倍的雅虎日本，NTT这项服务却并未创造出很大的商业价值。

另外，这并不单纯是一家企业的买卖，2007年日本经济产业省的"信息大航海项目"十分有名，致力于打造出超越谷歌的日本国产搜索引擎。

该计划十分庞大，大约有50家民间企业参与其中，投入了300亿日元的国家预算，计划3年之内开发出符合国际标准的搜索引擎，但正如当时的社会风评，很遗憾，该计划在投入了约150亿日元的第三年就中止了。

精英输给创业者的原因

回顾创新的历史，"接受命令的精英"VS"受好奇心驱使的创业者"的竞争构图屡次出现。前者在人力资源、物质资源与经济资源方面本应更为优越，但在很多情况下却败给了后者。

这是为什么呢？当然存在很多原因。我所属的全球化组织咨询公司光辉国际迄今为止进行了很多研究，我们可以明确指出的一个原因就是"动机不同"。

代表性例子就是阿蒙森和斯科特之间的抵达南极点竞赛。

20世纪初期，对于很多有志于扩张领土的帝国主义国家来说，谁最先抵达极点是一件非常重要的事情。挪威探险家罗阿尔德·阿蒙森自小就梦想成为抵达极点的第一人，他人生所做的一切都是为了实现那个梦想。

读了以下故事你就会知道他贯彻得有多彻底，如果我们身边也有这样的人，那可真真是个狂人呀！

孩提时代，为了锻炼自己身体能忍受极点的寒冷，在严冬时节打开房间的所有窗户，只穿很单薄的衣服睡觉。

分析以前的探险案例，了解到最大的失败原因是船长和探险队队长不和。考虑到如果由同一人兼任船长和队长的职务，很大程度上就可以避免失败，于是他在成为探险家之前特地去考了船长证。

关于狗拉雪橇、滑雪、帐篷等"极地必备技术及知识"，他从孩提时代起就积极地积累"实地"经验。

另一方面，和阿蒙森比赛的罗伯特·斯科特则是一名英国海军少校，他出身于军人世家，自己也梦想在军队中出人头地。

图 13　在南极大陆前进的阿蒙森团队

自然，斯科特并没有像阿蒙森那样对极点的憧憬。对帝国主义来说，南极是幸存的最后一块大陆，他只不过是接受军队命令，作为先头部队赶赴南极而已。因此，关于过去探访过极地的探险家的经历和所需的训练及知识，可以说他完全是个门外汉。

对了，说回他们之间的这项竞赛，正如大家所知道的那样，比赛结果是阿蒙森获得了压倒性的胜利，他的团队使用狗拉雪橇，以1天前进50千米的超快速度瞬间抵达极点并顺利返回。当然，团队人员无一人折损，队员的健康状况也非常好。

而斯科特团队的状况却不太好，他们将机动雪橇和马匹作为主要的交通方式，并报以很大期待，但这两种交通方式完全没发挥作用，最后诡异地变成人拉着雪橇行进，雪橇上还载着狗，总重量重达240公斤，结果食物和燃料都消耗殆尽。

究竟哪里出了问题？人们对于斯科特的败因进行了各种各样的分析，在这里，我想讨论的并不是"探险准备和执行技术的巧拙"，而是更根源性的"人选问题"。

如之前所说，这场比赛的双方分别是斯科特和阿蒙森，前者来自军人世家，自己也希望闯出一番天地，后者则从小就对极地探险抱有憧憬，为了成为一流的极地探险家而规划人生，最终后者取得了压倒性的胜利。

这里我想要关注的是驱动这两个人的"动机"。尽管他们两人的目标都是"抵达南极点"，却是被大不相同的动机所驱使。斯科特的动机恐怕是顺利完成上司交待的任务，然后受到赞誉从而得以出人头地吧。而阿蒙森的动机则仅仅是成为到达南极点的第一人，然后作为探险家扬名。

也就是说，斯科特是被"希望顺利完成上司交待的命令然后获得赞誉"这种动机驱使，而阿蒙森则是受内发性动机驱使。

从网络黎明期开始，这种"因上司命令而行动的精英"

和"受内发性动机驱使的探险家"的构图就屡见不鲜，且大多数情况下前者都完败于后者。

为什么好奇心会战胜任务意识

"大型企业专家VS有冒险精神的创业家"的构图以及阿蒙森和斯科特抵达南极点比赛的故事告诉我们，如果具有内发性动机的人和因上司命令而行动的人竞争，那么前者胜算更大。

我们已经指出，企业所拥有的经营资源中，可变性最高的就是"人"。也就是说，如果有两个潜能相同的人，一个是因内发性动机而被驱动的 New Type，一个是因上司命令而被驱动的 Old Type，那么前者可能比后者表现得更好。

本书已经就"意义的重要性"进行了分析，这种"意义的重要性"可以改变人的能力，而具有内发性动机的 New Type 正是一种可以自行形成"意义"的人才。

那么，我们需要采取怎样的行动呢？让我们从管理和个人这两个不同的视角出发来探讨这个问题吧。

首先，站在管理的立场来看，如果定位的标准是迄今为止的实际成果以及人们的顺从性，那将十分危险。一般来说，很多企业在大型创新项目中都会投入业绩优异的王牌职员，但这种"持续创造高业绩的王牌"并不一定是受内发性动机驱动。如今，企业的人才部署大多采用的是一种简单的方法，即越重要的任务越要交给能力好的人负责，因为人们认为职务的重要性和职员的发挥能力呈线性关系。

但是，美国社会心理学家麦克利兰和全球化组织咨询公司光辉国际迄今为止的研究结果显示，任务和能力的关系并非如此单纯，能力背后的"动机"对职员的表现力造成了极大影响，根据动机的不同，能够成功的职种也会发生改变。

接下来我们转向个人立场。New Type 受内发性动机驱动，挥洒热血，Old Type 则老老实实地完成上司交待的任务。显然，若两者相争，Old Type 必败。

对于已经知道结果的人来说，如果在阿蒙森和斯科特之间二选一，应该没有人会选择斯科特吧？前者是从心底享受着一直钟爱的探险事业，然后顺利到达极点并平安返回，收获了探险家的盛名，与之相对，后者则是因上司命令而无奈接受这项任务，其实对探险毫无兴趣，历经千辛万苦后，最终丧失了全体部下乃至自己的生命。

当斯科特的团队只剩他一人活着时，他在日记中写下遗言"很遗憾，我再也无法继续写下去了"，唉，着实令人叹息。

但是，如今有多少人身处与自己的内发性动机相匹配的"场所"呢？很多人都和斯科特一样迫于上司命令而埋头于毫无动机的工作，而同时，New Type 则受内发性动机驱动，自由发挥流动能力。所以，大多数人都在被 New Type 玩弄，不是吗？如果置身于那样的场所，那么不久之后可能会与斯科特殊途同归。

总　结

我们通过回顾历史发现，自网络黎明期开始，技术、资金、人才等资源都占优势的大型企业在和相对劣势的新兴企业的战斗中却屡次战败。

资源层面占优势的大型企业失败的最大原因是动机。无论在资源层面拥有多好的条件，但是受内发性动机驱动的领导者和被上司命令驱动的领导者之间，表现力会产生云泥之别，这个差距弥补了资源层面的劣势，令弱者成为胜者。

如果动机是最大的竞争要素，那么无论是个人还是组织，为了提高表现力就需要"管理动机"。了解怎样的工作和任务中存在足够的内发性动机，然后不断将自我定位于那样的"场所"，这一点十分重要。

Old Type 老实地执行上司的命令，压制内发性动机然后拼命工作，而 New Type 宣告只做自己想做的工作，自由发挥，最终，Old Type 败于 New Type。

Old Type ▶注重专家意见

New Type ▶亦听取普通人的意见

15 对专家与门外汉的意见一视同仁

专家没有灵魂，纵欲者没有心肝。

这种废物或许还十分骄傲自己到达了前所未有的

阶段吧。

——马克斯·韦伯[6]

专家权威扫地——这个时代，门外汉解决问题的能力超越专家

在不安定、不确定、复杂、模棱两可的世界中，人们积累的知识和经验快速落后于时代。这也意味着，那些经过长年累月积累了专业知识和经验的人即"专家"丧失了他们的地位。

所谓专家，即因长期从事特定领域的工作而掌握该领域

相关的广泛知识和经验之人。但是，基于这种想法然后一味遵照专家的意见和指示，就成了典型的 Old Type 的行为方式。

为什么这么说呢？因为如今越来越多的案例显示，专家的表现力不敌门外汉。

例如染色体组研究者卡利姆·拉克哈尼等人曾公开表示，当他们为了提高白细胞染色体组排列的解析方式性能而众筹想法时，从对免疫遗传学一无所知的门外汉那里获得了许多答案，其中有些答案大幅提高了现有方式的精确度与速度。

除此之外，近年亦有很多案例显示，许多令专家们头疼的疑难问题都是由门外汉解决的。

> 过去5年间，我们为美国国家航空和航天局（NASA）、医学研究生院、知名企业等，进行了700余次大众比赛。其中仅有一次没有任何人想要挑战问题。除此之外，我们在比赛中收获了等同或大幅超越现有方式的结果。
>
> ——安德鲁·麦卡菲《平台经济学》

这究竟是怎么回事呢？资金、人才、器材都很充足的美国国家航空和航天局和大型企业在专业领域中应该具有顶尖的解决问题的能力呀。

这些专家都无法解决的问题，门外汉们却轻松搞定，为什么会发生这种事？

门外汉表现力提升的结构性原因

在这里，如果我们就"门外汉的解决问题能力超越专家的原因"进行考察，会出现三大原因假设。

第一个假设很好理解——一开始，专家的能力就没有我们认为的那么强大。可能会有人觉得怎么会有那么愚蠢的说法，但各种各样的研究都证实了这一假设。

例如，1984年经济学杂志《经济学人》进行了一项实验，他们请立场不同的16位人士对今后10年的经济增长率、通货膨胀率、汇率、石油价格及其他基本经济数值进行了预测。这16位人士中，4人为原财务大臣，4人为多国籍企业经营家，4人为牛津大学经济学专业的学生，最后4人为清洁工人。

10年后，当该杂志验证结果时，发现所有人的预测结果都很惨淡，硬要排名的话，清洁工人和企业经营家并列第一，倒数第一是原财务大臣。

那么，专家真的有能力吗？加利福尼亚大学哈斯商学院的菲利普·泰洛克对此进行了规模更大的验证。他会聚了284名活跃于大学、政府、智囊团、媒体等领域的知名专业人士，共收集了27450条他们对于经济和社会的未来预测，然后验证了结果。

结果同样惨淡。泰洛克尖刻地评价称，"所谓专业人士的预测，准确率都比不上投镖的黑猩猩吧"。

如今很多知名企业都是在近约20年间起家。他们以"素人"的身份创业，到现在做出了十分卓越的成绩，那么专家坐镇的一众现有大型企业究竟做了些什么呢？从结果来看，我们只能说他们"一事无成"。

为什么会发生这样的事呢？首先有一个问题，那就是评价专家的能力本就困难。尤其是级别越高的专家，领域就越细化，知识更新就越难。给高级别的专家评价就需要级别更高的专家，但因为那样的人物更加稀有，所以最后人们总觉得各个领域的评价都不恰当。

第二个假设是社会不安定、不确定、复杂、模棱两可化导致知识和经验快速落后。

比如我们之前所说的免疫遗传学，不到 10 年，该领域的技术趋势就发生了极大变化，媒体技术、人工智能、机械学、能源领域同理。

在这种变化很激烈的领域，组织核心是人才，人才的知识、经验必须不断更新，但是社会不安定、不确定、复杂、模棱两可导致变化的矢量难以预测，因此我们无法提前学习这些知识和经验。另一方面，门外汉构成的群众群体因人数庞大，所以他们当中总有人掌握最新的知识。因此，核心快速落后，与之相对，群众则紧跟时代步伐。

如果这个假设成立，那么意味着一个崭新的时期正在到来，我们必须重新思考我们在组织核心中拥有掌握最新知识的人才这件事的意义。

为什么地质学家达尔文提出了进化论

第三个假设是：正因为是门外汉，所以才能想到创新的想法。想想很多历史伟大发现或发明的提出者都是"门外汉"，那么这一点应该很容易理解。

例如查尔斯·达尔文，他因进化论中的自然选择学说而知名，虽然他在大众眼中是一名生物学家，但他本人终身自称是地质学家。也就是说，人类历史上对科学产生最大影响的生物学假说的提出者并不是生物学专家，而是身为门外汉的地质学家。在研究"专家和门外汉"这个问题时，这一事实给予我们十分重要的启发。

为什么身为门外汉的达尔文注意到了这个假说，而生物学专家却没注意到呢？这正是因为"达尔文不是专业的生物学家"。达尔文曾回忆称，有两部著作是他想到自然选择学说的重要契机。

一本是莱伊所著《地质学原理》。达尔文看到"地层长期储存少量作用后发生量变"一句后联想到"动植物是否也一样"？

还有一本是知名的马尔萨斯所著《人口原理》。这本书提出了一个预言"马尔萨斯人口论的圈套"，即粮食产量只能按算术级数（从第二项开始，每一项都是由前一项加上一个常数构成的序列）增长，而人口是按几何级数[7]增长，因此食物增产的边际问题中，人口增长肯定是打头阵的。这一预言引发了不小的争论，但是达尔文在读了这本书后得出了另一个假说，那就是除了动物中也会发生粮食供给边际问题之外，适应环境而变化对物种存续来说亦十分重要。

这两个假说最后自然而然形成了"自然选择说"，但请注意，达尔文自身的专业以及给予他灵感的两部著作其实都和生物学无关。

怎样将核心人物工作和群众工作相互结合

专家位于组织内部的核心地位，门外汉则位于组织外部，在社会不安定、不确定、复杂、模棱两可化快速发展的世界，怎样将两者结合起来成了影响企业价值创造力的关键。

本书已经针对"问题稀少化和解决方法过剩化"这个论点进行了研究，并指出"问题稀少化"导致开放式创新陷入停滞。这正与任务分配问题相关，即"设定问题"是核心人物的职责，"制定解决方法"则是群众的职责。

无论一个组织的知识和经验多么丰富，如果对比"核心＝内侧"和"群众＝无限的外侧"，那么"外侧"积累的知识量和经验量均胜于"内侧"。

那为什么迄今为止，组织的创新都依赖于核心的专家呢？实际上原因很简单，因为迄今为止的科学技术和社会构造中，会聚群众和收集信息的成本都很高。

但是，当社会的信息流通边际费用原则上为零时，Old

Type 的思考和行为方式即依赖核心解决问题的合理性就会大幅降低。

美国国家航空和航天局以其亲身经历证实了这一点。美国国家航空和航天局一直苦恼于如何提高太阳耀斑的预测精确度，因为伴随着太阳耀斑的发生，如果出现高能源粒子自太阳发散的现象（=SPE），那么放射线就可能对宇宙空间的器材和人员造成伤害。

但是，尽管经过 35 年的苦战，美国国家航空和航天局依然没能找到以高精确度预测 SPE 发生、喷发量和时间的方法。[8]

后来美国国家航空和航天局放弃在内部解决，决定将积累至今的 SPE 相关数据公布在开放式创新平台 InnoCentive 上。InnoCentive 是一个大众资源平台，在研究开发上碰到问题的企业可以通过它在网络上募集解决方法。

最后，为这个问题找到突破口的是毫无宇宙物理学知识和经验的退休无线技师布鲁斯·克拉金。按照克拉金的方法，可以在 8 小时前以 85% 的准确率、在 24 小时前以 75% 的准确率预测 SPE 发生。

Old Type 依赖只有专家的核心团队来解决问题，而 New Type 则将普通人等门外汉的意见与专家的意见结合。这个故事告诉我们，在这样的时代，后者解决问题的能力胜于前者。

总 结

在社会不安定、不确定、复杂、模棱两可化的世界，如果过去累积的经验和知识快速贬值，那么所谓"专家"的价值也会折损。

近来因为实行开放式创新，越来越多专家一直无法解决的问题却被身为门外汉的普通人搞定。

过去很多创新都由"门外汉"创造，不少"专家"则成为阻碍因素。

尤其是在如今这样因社会不安定、不确定、复杂、模棱两可化而导致"专家"价值下降的世界，如果仍旧坚持 Old Type 的思考方式，即一如既往地盲目信赖专家，那么有可能会扼杀创新的萌芽。

在这样的时代，我们需要的是 New Type 的行为方式，即对专家意见和门外汉意见一视同仁，中立且直接地将两者结合。

1　伯特兰·罗素（1872 年 5 月 18 日—1970 年 2 月 2 日）。英国哲学家、逻辑学家、数学家、社会批判家、政治活动家。1950 年荣获诺贝尔文学奖。摘自罗素所著《对懒惰的赞歌》。

2　《企业垄断》，《经济学家》，2016 年 3 月 24 日。

3　西方管理理论中的一种人性假定，认为人都应该是组织中的一员。由美国作家、新闻记者兼社会学者威廉·怀特提出。

4 安迪·沃霍尔（1928 年 8 月 6 日—1987 年 2 月 22 日），美国画家、版画家、艺术家，波普艺术的旗手。其个人特色是银色假发，曾亲自担任摇滚乐队的制作人和电影制作等。

5 布鲁克·N.马克纳马拉(普林斯顿大学)、大卫·Z.汉布瑞克(密歇根州立大学)和弗雷德里克·L.奥斯瓦尔德（莱斯大学），《音乐、游戏、运动、教育及专业方面的刻意训练及表现：整合分析》，心理学协会 2012。

6 马克斯·韦伯（1864 年 4 月 21 日—1920 年 6 月 14 日）。德国政治学家、社会学家、经济学家。摘自马克斯·韦伯所著《新教道德与资本主义精神》。

7 又称"等比级数"，从第二项开始，每一项都是由前一项的多少次方。

8 《美国国家航空和航天局公布空间生命科学开放式创新竞赛获胜者》。

第 6 章

New Type 的
职业战略

——从预定调和到偶有

Old Type 周密计划，严格执行

New Type 姑且尝试，失败重来

16 大量尝试，筛选最优

> 如果不浪费人生，那就无法找到人生真谛。
>
> ——安妮·莫里·林白

所谓贤人，就是懂得如何享受人生之人

17 世纪活跃于荷兰海牙的哲学家斯宾诺莎将人和物质"保持本真"的行为称为 Conatus，即自然企求力。Conatus 这个词原本是拉丁语，意思是"努力、冲动、倾向、秉性"。

斯宾诺莎认为，人的本质取决于自然企求力，而非人的容姿和地位。当然，自然企求力十分多样，因人而异。

我们将"好坏"这种评价用作社会既定的绝对性标尺，但斯宾诺莎认为这种评价只不过是相对的，视情况而不同，

比如如果能提高一个人的自然企求力，那就是"好"，如果会损毁一个人的自然企求力，那就是"坏"。[1]

也就是说，斯宾诺莎认为，世上一切事物本身并无好坏之分，而是取决于和人的自然企求力之间的关系。

如果你身处大自然，感觉活力高涨，那么大自然对于你的自然企求力来说就是"好"的。如果容易被孤独折磨的人身处大自然，感觉到疏远感，那么大自然对于那个人的自然企求力来说就是"坏"的。

斯宾诺莎的贤人观就源自这种想法。他认为，所谓贤人，就是知道自己的自然企求力会因何而提高，又会受何而影响，所以他们是懂得如何享受人生的人。以下这段话摘自他的主要作品《斯宾诺莎道德学》，让我们一起来看一看。

> 贤人会利用各种物质尽可能地享受（话虽如此，但不至于厌倦，因为厌倦不能令人享受），比如美食、佳饮、芳香、植物、装饰、音乐、运动竞技、戏剧等无损他人又愉悦自己之事。
>
> ——斯宾诺莎《斯宾诺莎道德学（下）》

不试不知何谓"好"

我为什么特地在这里介绍 17 世纪哲学家的言论呢？因为斯宾诺莎的这个想法对于如今的我们来说，再次彰显了重要性。

我们生活在变化极快的时代，和周围事物的关系时刻更新。在这样的时代，我们无法基于社会普遍性判断去判定什么是"好"什么是"坏"。

为了成为贤人、乐享人生，我们必须尝试各种各样的事情，然后凭经验去知晓怎样的事物会提高或损毁自己的自然企求力。

"尝试"在斯宾诺莎的哲学中非常重要。他提出，我们每个人的自然企求力都是独一无二的，正因为如此，我们除了尝试各种事物，还要反省这些事物对我们的自然企求力起到了怎样的作用，然后建立自己专属的判断轴去判断"好"与"坏"，这一点十分重要。

反过来，有些人则是根据容姿和立场去判断对方的好坏。希腊语中将"保持本真的力量"称为"Conatus"，将自己的容姿和立场等称为"εἶδος（Eidos）"。

例如男性、女性就是一种εἶδος（Eidos），但"因为你是女人，所以你应该喜欢这个""因为你是男人，所以你应该这样做"则是无视自然企求力的强制要求，我们无法判断这些强制要求是否真的是提高自然企求力的"好"东西。基于容姿和立场等εἶδος（Eidos），人们容易认为"我应该这样做""我必须这样做"，但这样的自我认知往往会损毁个人的自然企求力，阻碍人保持本真。

正因为这个时代如此剧烈变化，且"好坏"的观念强行对他人施加要求，所以我们必须尝试各种能提高自然企求力的事物。

成功是概率论——成功人士的职业 80% 属于偶然

斯宾诺莎的结论是不尝试就不知道什么能提高自己的自然企求力，许多与职业论相关的研究亦证实了这一点，代表性例子就是斯坦福大学约翰·克虏伯的研究。

最终取得成功的人究竟是如何思考他们的职业战略，又是怎样实行的呢？关于这一论点，正式研究的第一人是斯坦福大学教育学、心理学教授约翰·克虏伯，他以数百名美国商人为对象进行了调查，调查结果显示，80% 的成功人士都是偶然从事了令他们取得成功的职业。

这 80% 的人并非没有职业规划，只是因为各种偶然，导致他们没能执行原定计划，最后却反而成为世人眼中的"成功人士"。

克虏伯以该调查结果为基础，提出"职业是偶然形成的，设定中长期目标然后为之努力是危险的"。他认为，应该付诸努力的是那些能带来"好的偶然"的计划和习惯，他将这些论述总结为"计划性巧合理论"。

据克虏伯所言，我们的职业并不是可以精心计划的东西，而是由无法预期的偶然事件所决定。

那么，引发促进职业形成的"好的偶然"需要怎样的必要条件呢？首先让我们来列举一些计划性巧合理论提出者克雷伯亲自指出的要点吧。

好奇心：不局限于自己的专业领域，拓宽视野，关注很多领域，这样职业机会也会有所增加。

有耐心：即便一开始不顺利也继续坚持，这样有可能会发生偶然，产生新机遇的可能性也会有所增加。

灵活性：情况千变万化。即便是已经决定好的事情，也根据情况灵活应对，通过这样可以抓住机会。

乐观性：即便是意料之外的变动和逆境，也积极地认为可能会变成自我成长的机会，通过这样可以拓宽职业。

承担风险：挑战未知事物时，失败和不顺利都很正常。通过积极地承担风险可以获得机会。

如果综合克雷伯的这一言论和先前斯宾诺莎的言论，我们会发现，对我们来说重要的不是按照自己的 εἶδος（Eidos）去选择，而是要思考怎样的事物可以提高自己的自然企求力，然后开放性地接受机会。这正是变化极快、职业清单渐渐更新的时代所需要的 New Type 的思考方式。

Old Type 则讲究计划。它的做法是先建立长期的计划，然后按部就班地执行，将意料之外的机会拒之门外。如果坚持这样的态度，那么自然鲜少有机会去发现可以提高个人自然企求力的事物，离斯宾诺莎所定义的"享受人生的贤人"也就越发遥远。

大量尝试，留下成功之物

通过大量尝试找到"能取得胜利的地方"，这种想法也适用于企业战略。也就是说，克虏伯所说的"成功人士的职业是因偶然的机会而产生质变"这条纲领也适用于企业成长。

在现代社会，展现出这条纲领强大性的最典型案例就是亚马逊。亚马逊是最近被统称为 GAFA 的"胜利企业集团"的核心力量，同时它也成了"成功"的代名词，但如果说这家公司的成长是因为"尝试的力量"，你一定会备感惊讶吧？

实际上，亚马逊是"尝试和撤退"的达人。该公司上市以来参与过 70 余次新事业，不过其中大约 1/3 都失败了，然后在初期就撤退。

人们普遍认为，在筹划新事业时，常规做法是先建立细致周密的计划，然后通过投入所有资源获得成功，但亚马逊的成功并不是通过这种预定和谐，而是大量"摸索尝试"的结果。

我们在传统企业中也可以看到这种倾向。例如不断创新的知名企业 3M，这家公司有一条基本方针叫"尽早试试吧"，还有吉姆·柯林斯提出的"愿景型公司"中的共同特征"大量尝试后留下成功的事物"。

你可能会觉得意外，也可以认为这是将"生命进化结构"融入了经营之中。

众所周知，自然淘汰结构促进了生命的进化，而自然淘汰的起点就是"偶然发生的突然变异"。当遗传基因复制产生某些失误，然后诞生新性状[2]时，如果该性状"碰巧"适应环境，那么拥有新性状的个体留下子孙的概率就会增加。

通过不断反复，最终拥有更适应环境的性状的物种得以幸存。这里必须要注意的是，获得新性状这件事基本上属于"偶然"。通过推理就会知道，发生偶然变化的次数越多，进化的契机也越多。甚至连 3M 等传统型企业也已经证明了"总之试试吧"这种方式的强大，这种方式今后有可能变得越来越强大且迅速。原因实际上很简单，因为"尝试的成本"渐渐下降。

杰里米·里夫金在其所著《零边际成本社会》一书中提出，所有物质和服务的价格都在下降，如果不投入一定的资本，那么某些很难尝试的挑战也会明显降低门槛。

如果边际费用低下，"尝试"的成本也渐渐下降，那么比起"战略性计划"，今后"有意图的偶然性"更有可能获得好结果。

"细致周密的计划"成功率反而下降

克虏伯的研究结果显示，人们普遍认为"设立计划，并为达成计划而鞠躬尽瘁"是积极的行为方式，但实际上却成为阻碍成功的重要原因。

尤其是像现在这样很难预测的时代，至今一直受到积极评价的"设立细致周密的计划，并为达成计划而鞠躬尽瘁"这种模式早已经成为 Old Type。另一方面，New Type 则采用了一种强有力的方式，即"总之先试试，视结果再修改"。

同样的事情似乎也适用于项目的成功与否。20 世纪 90 年代初期，斯坦福大学的凯瑟琳·M.艾森哈特和本汉姆·N.塔布利兹对 72 个产品开发项目进行了一项调查，这 72 个产品开发项目来自 36 家年销售额超过 5000 万美元的美国、欧洲、亚洲计算机厂商。最终他们发现，最创新的团队在计划阶段花费的时间很少，在实施阶段花费的时间则很多。[3]

也就是说，在没有周密计划的情况下就即兴开始项目的团队创造出了最大的成果。

另一方面，越是花费时间去事先制订周密计划的团队，项目进展就越迟缓，得到的成果也越小。

即兴型团队并非"没有计划"，而是一边实行一边制订计划。我们一般认为"制订计划"和"实行计划"是两个不同种类的任务，然后像乐高一样按顺序拼接。但即兴型团队将"制订计划"和"实行计划"融为一体，一边实行，一边根据每次出现的问题和可见的市场良机去修改和完善计划。

换句话说就是项目的进行过程变成了制订计划的过程。正因为如此，即兴团队在市场中的成功概率更高。

"善于尝试"="善于放弃"——"撤退的巧拙"是创业的关键

请注意，有所尝试就应有所放弃。如今，很多企业把试行新事业作为重大的经营课题，但实际上很多都进展不顺利。

当然，其中原因纷繁复杂，我在这里想说的是要尝试某些东西就必须放弃某些东西。

无论是人还是企业组织，做任何事所需的时间和资源都是有限的。我们为了尝试势必需要挪用一些资源，但如果一直从以往的结构中挪用，那么试行就不会成功。

让我们再次以亚马逊为例。如之前所说，亚马逊在短时间内参与了大量新事业，而它之所以能如此，可以说是因为非常迅速地作出了"撤退判断"。

典型例子是亚马逊在 2014 年参与的智能手机事业，CEO 杰夫·贝佐斯大张旗鼓地张罗这项事业，合计投入 100 多亿日元的资金，却没能打败后来加入的 Handy，于是仅仅一年就撤出了市场。

如果继续稀里糊涂地从事没有创收的事业，那么最后就会演变成"无能为力"的局面，只能廉价清仓。某些日本企业不断重复着这种模式，而亚马逊则快速判断并撤退，两者相较之下，我们甚至可以认为实际上"撤退的巧拙"或许正是导致创新事业差距的真正原因。

让我们看一看贝恩咨询公司总结的《亚马逊的撤退事业

清单》，亚马逊通过不断实行"大量尝试，不成功就马上撤退"的策略，形成了如今强有力的事业组合。

开始（年）	结束（年）	事业名称
1999	2000	亚马逊拍卖
1999	2007	网上购物商城
2004	2008	搜索引擎（A9）
2006	2013	ASK Building（Q&A 网站）
2006	2015	Unbox（电视节目和电影的购买及租赁）
2007	2012	endless.com（鞋子和包包的专卖网站）
2007	2014	亚马逊在线转账服务（P2P 转账）
2009	2012	Pay Phrase（快速支付系统）
2010	2016	Web store（开启在线商店）
2011	2016	My Habit（会员制限时促销）
2011	2015	Amazon Local
2011	2015	Test Drive（购买 APP 前试用）
2012	2015	Music Importer（音源上传程序）
2014	2015	Fire Phone
2014	2015	Amazon Elements（自有品牌的尿布）
2014	2015	Amazon Local Register（移动支付）
2014	2015	Amazon Wallet
2015	2015	Amazon Destination（酒店预约）

资料来源：成毛真：《亚马逊称霸全球的战略》"贝恩咨询公司对亚马逊的分析"。

图 14　亚马逊的撤退事业清单

为什么很多企业无法"尝试"呢？常见的理由是"因为无法承担风险"，那么为什么无法承担风险呢？主要是因为"不擅长撤退"。

如果一旦开始就很难放弃，那么自然从"一开始"就伴随着极大风险。也就是说，"无法放弃"这种偏颇的想法导致在心理上提高了"试行"的成本。

个人职业也是如此。如果被告知"在多变的时代，挑战很重要"，很多人就会坚信这是对的。但实际上大多数人都难以完成挑战，而是糊里糊涂地继续之前的状态，白白浪费了时间。原因很简单，那样的人不是"无法开始"，而是"无法放弃"。

人所拥有的资源是有限的。如果要利用资源去尝试新事物，就必须放弃已经尝试过且毫无希望发展的事物。

总　结

17世纪荷兰哲学家斯宾诺莎认为，什么是"好的东西"，什么是"坏的东西"，这取决于个人的自然企求力（令自我保持本真的力量）。根据斯宾诺莎所说，我们无法从外观去判断能提高个人自然企求力的"好的事物"，只能大量尝试后根据经验作出判断。

现代职业研究亦证实了斯宾诺莎的这一主张。例如斯坦福大学的约翰·克虏伯研究了成功商业人士的职业，结果显示 80% 的成功契机都源自偶然的机会。

　　一般来说，人们认为先明确设立计划然后实行的做法是好的，可如今未来很难预测，这种行为方式就变成了 Old Type。

　　在这样的世界，如果想把人生过得更本真更充实，那就需要有 New Type 的心性，即令自己保持开放，对于到来的机会不严加区分"是否有用"，而是积极地去尝试，以判断这些机会是否能提高"自己的自然企求力"。

　　为了实践 New Type 的行为方式，即大量尝试然后留下成功事物，我们必须学会"放弃"。虽然"放弃"一般被认为是消极的，但既然资源有限，那么为了开始某件事，就必须有所放弃。

Old Type ▶滞留在一个地方努力

New Type ▶马上逃跑，转变方向

17　人生丰富程度受"逃跑"巧拙的影响

> 清楚自己的能力水平，做不到时尽快放弃，这是聪明的做法。别人不许你放弃是别人的错，但自不量力地继续就是自己的错。
>
> ——吉田兼好《徒然草》

为什么会"痛"？

没有人会喜欢"痛"，但我们人类等灵长类却具备这种感觉，这是为什么呢？

众所周知，生物在进化早期就具备"痛感"。[4] 也就是说，在生物进化的过程中，拥有"痛"这种感觉有利于个体的生存和繁殖。

反向理解即痛感变迟钝会给生物的生存和繁殖带来风险。

189

日本人都认为"忍耐"痛感等消极的感觉或感情是一种美德，尽管接二连三地发生重大事故，可不知道为什么小学多人体操依然毫无废除的苗头，前几天我看小学多人体操指导书的时候，上面仍旧赫然写着"所有人的痛感都是一样的，不要说泄气的话"。[5]

毫不在乎地说出这种话的人能否想一想，为什么生物在进化过程中会拥有"痛"这种感觉呢？

在这个世上，也有人"感觉不到痛"。这当然不是因为他们"忍耐力强"，而是因为他们罹患一种名为"痛觉神经缺失"的疾病。这是件很可怜的事情，经统计，这类群体都活不长。

他们对于普通人觉得痛的感觉无动于衷，哪怕烧伤、骨折或脱臼也毫无感觉。因为没有痛觉，自然感觉不到痛。

因为别无他法，所以我们只能把什么是危险当作"知识"教给他们，让他们注意，教他们触碰哪些东西后要检查自己是否受伤，可现实中，这些人即便做到这样也依然活不长。

站立时觉得脚痛就稍微调整一下重心，或者睡觉时后背疼就翻个身——如果没有"痛觉"，甚至连这些事情都做不到，不知不觉就给身体加重了负担，而普通人当然会避开这种过度的负担。

反过来说，我们平时非常巧妙且无意识地避开了"疼痛"，这对于保持健康给予了重大的影响。而对于没有痛觉的人来说，不管让他们理解和适应多少"什么是危险的"的知识，他们也无法像有痛感的普通人那样长寿。

我觉得这个事实相当有意思。

职业和人际关系也是如此，的确，我们为了学习"什么是危险的""怎么做才好"等抽象性知识而付出了很多金钱，但比起学习那样的知识，另一种能力更为重要，那就是在需要进行判断的瞬间也就是"此时此刻"，敏感地感觉到自己的身体会做出怎样的反应。

"逃跑"是最有效的生存战略

当生物面临危机时，"战斗"还是"逃跑"是瞬间性的选择。那么人类会怎么做呢？很多情况下，比起这两个选择，人类会倾向于选择"一直忍耐""想方设法努力"。

但动物却不会做出这种选择，你觉得是为什么呢？实际上原因很简单，因为那样选择的生物已经灭绝。也就是说，从个体生存的观点来看，当面临危机时，"一直忍耐"或"想方设法努力"是非常不利的"坏选择"。

日本人自幼就被教导"遇事不能逃跑"。但是想一想，生物的生存战略中应用最广泛的"逃跑战略"在人类世界却被严厉禁止，这可着实奇怪。

为什么我们认为"逃跑"这件事是消极的呢？"不要逃跑"这个规范未被社会淘汰反而流传至今，就说明它存在合理性，能令社会体系有效发挥机能。

原因有二。

其一，如果出现逃跑者，那么其他人就会对自己的选择失去信心。想一想换工作这件事就比较好理解，如果同期进入公司的人中有人要换工作，那么其他人就会陷入不安，"我就这么保持现状也没关系吗？"所以为了消除这份不安，就要禁止"逃跑"这件事。

其二，如果出现逃跑者，那么就会增加其他人的负担。为了维持团体，必须有一些日常工作，这些工作自然由团队各成员承担，如果有人逃跑，那么其他人就必须承担逃跑者的工作。这对团体成员来说变成了莫大的负担。因此"不能逃跑"就被规范化。

的确，如果从某个地方逃跑，那么你在那个地方的职责就需要其他人来替你承担。很多人都觉得很辛苦，但又认为"不能逃跑"，所以就继续埋头苦干，到最后身心俱损、一无所获。

除了战斗，擅长"逃跑"也是非常重要的能力。最直接的例子就是军事中的"撤退"。例如编纂于魏晋南北朝时期的中国著名兵法书《三十六计》的最后一计为"走为上策"，意思就是"逃跑是最好的策略"。

著名的《孙子兵法》中也写道，"知道没有胜算时，为了将损失最小化而迅速撤退"，从战略角度来说这是非常正确的选择。

偏执狂和精神分裂——执着于一种同一性的危险性

尤其是在现代这样很难预测的不安定、不确定、复杂、模棱两可的社会，很多人在人生中都会碰到不得不"逃跑"的情况。

思想家、评论家浅田彰在其所著《逃跑论》一书中，曾引用法国思想家吉尔·德勒兹和费利克斯·加塔利共著《反俄狄浦斯》中的"偏执狂"和"精神分裂"两个概念，对"逃跑"在不稳定世界中的重要性做出如下所述。

> 如果要说最基本的偏执行为，那应该要数"居住"。一个人修建一座房子，然后以此为中心，一面计划着扩大土地，一面积累家财，他在性生活方面对妻子有独占性，孩子出生后，他拍拍孩子的屁股，然后致力于为全家人的生活而努力。如果中途放弃，这个游戏就失败了，这个人坚持"不能放弃、不能停止"的想法，所以最终变成了偏执狂。这也是一种病，但近代文明也确实是因为这种偏执的行为才发展至此。如若继续发展，即便不快乐，也能安定地生活。可是一旦事态突然发生变化，那么偏执狂式的做法就不足以应对，如果做不好，那么筑堡奋战的结果就是一事无成。这里代替"居住者"出场的就是"逃跑者"，这种人一有什么事就逃跑，毫不坚定，总之先跑为上，所以这种人必须无拘无束，没有

家，身处于边界，而且因为不积攒家财，也不是一家之长，他们每次都用现成的东西解决事情，意外生子后就把一切事情交给命运。他们依靠的是掌握事态变化的聪明劲儿和对于偶然事件的直觉，仅此而已。这也是他们精神分裂的原因吧。

——浅田彰《逃跑论——精神分裂·孩子的冒险》

浅田彰的言论中包含两大要点。

第一个要点是"偏执狂型的人不善于应对环境变化"。关于这一点，正如前文所述，企业和事业的寿命如今正在逐渐缩短。

试将这种状况和个人同一性的形成联系起来思考，职业是形成同一性中最重要的因素，因此，被一种同一性所束缚就相当于被一种职业所束缚，而与此同时，公司和事业的寿命却在渐渐缩短。

结合这两种现象可以得出一个结论：执着于同一性十分危险。堀江贵文在最近的著作《多动力》中提到"孜孜不倦的时代已终结""如果饱和就马上放弃"，这也可以理解成"精神分裂"比"偏执狂"更重要。

我们有时毫不吝啬地赞赏"有一贯性""不犹豫""十年只走一条路"，认为这些行为都是好事，但是被那样的价值观所束缚，偏执地坚持自己的同一性有可能会导致自杀。

浅田彰指出的第二个要点是"逃跑"。他将"偏执狂型"

定义为"居住者"，将"精神分裂型"定义为"逃跑者"。

如果给出一个相对于"居住者"的定义，那么可以说"移居者"或"移动者"，但浅田彰却使用了"逃跑者"这一定义。我觉得这非常尖锐。

"逃跑"就是即便没有明确的目的地，总之"先逃离这里再说"。这种"未必一定要目的地很明确，这里太垃圾了，所以先跑再说"的思维倾向就属于精神分裂型。

在职业论的世界中，人们常说"想一想自己想做什么，什么做得好吧"。这一点我已经在拙作《选择工作的艺术和学问》中指出过，但我觉得思考这件事没有任何意义，如果没有实际从事过一份工作，就不会知道这份工作"是否有趣、是否擅长"。如果扭扭捏捏地思考"想做什么"，那甚至连本应偶然到来的机会都抓不住。

即便还未决定目的地，但一觉得"好像要糟"就迅速逃跑，这就是 New Type 的行为方式，他们更注意观察和倾听，看清周围发生了什么事。

刚才我们提到，浅田彰的言论中有一句是"他们依靠的是掌握事态变化的聪明劲儿和对于偶然事件的直觉，仅此而已"，这和我在《世界精英为什么要锻炼"审美意识"？》一书中指出的"比起积累型的逻辑思考，大胆的直觉更重要"异曲同工。即便周围人均表示"目前还没事"，但一旦自己感觉"危险"也要立刻逃跑。

这里重要的是"感知危险的敏感度"和"决定逃跑的勇

气"。虽然"逃跑"被人们误会成是因为"没有勇气",但其实并非如此,反而是因为"有勇气"才能逃跑。

社会因为"人们渐渐逃跑"而变好

到这里,我们已经探讨了"逃跑"给个人带来的优势,除此之外,社会体系也因"逃跑"而得到了改善。

第3章中提及我们正面临"意义"问题,发达国家如今"垃圾工作蔓延"。事实上,这个问题的最佳应对策略是"增加逃跑者"——如果这样说,大家一定会觉得很意外吧?

"垃圾工作"残留及蔓延意味着劳动市场归根到底没有成功地发挥作用。某些经营者和管理者只会创造没有意义的"垃圾工作",如果人们都渐渐从"垃圾工作"中逃离,那么这群人就将难以立足并被劳动力市场淘汰。也就是说,因为很多人渐渐"逃跑",社会整体的健全性有所提高。

日语中有一个词叫"一生悬命",意思是非常拼命,我们容易无条件地把它当作一个褒义词,但在镰仓、室町时代,该词原用于表现各地领主"誓死坚守"家乡土地的觉悟。

也就是说,这是表现"土地所有者"应有觉悟的一个词,但当地民众并没有这种觉悟,他们并不是土地所有者。可是不知从何时起,这个词变成了"弱者的道德",成了土地所有者即领主强加给劳动者的东西。

最近,日本常有老大不小的成年人做出有损廉耻的事,可以说导致这种人泛滥的社会原因就是"一生悬命"的弱者道德。

底层人士若想纠正窝囊的领导者，只能采取两种选择："Opinion= 提出意见，纠正行为"或"Exit= 从那人的手下逃离"。

日本的权力差距指数相对较高，底层阶级对领导者报告时心理上本就十分抵触，何况还要对他们提意见，不论是谁都会很害怕吧。

所以我们能做的选择就是"Exit"即逃跑。就像之前所说的那样，仗势欺人的人物，如果他周围没有拍马屁的人，那他就无法行使权力。

总　结

痛感虽然是负面的感觉，但在生物进化的过程中，将其作为一种性状遗传即"感知疼痛"，对生存来说其实是非常重要的。

当动物面临危机时，或"战斗"或"逃亡"。人们普遍认为"逃跑"是一种消极的表现，但在这样不安定的世界，事业明显呈短命化，在这种情况下，"逃跑"的巧拙正在成为影响人生富裕程度的重要因素。

Old　Type 始终认为"在同一个地方努力的行为十分优秀"，但在这样的状况下，这种行为方式变得风险极高，很有可能破坏自己的人生。

另一方面，New Type 则具有高流动性，不被"应该在同一个地方不断努力"这种顽固的道德观念所束缚，而是受直觉和审美意识驱动，自由地发挥作用。

如果个人的流动性提高，渐渐"逃跑"，那么劳动力市场的流动性就会提高，无意义的"垃圾工作"就无法残存，Old Type 的权力也无法再维持。

分享与给予

Old Type ▶夺取、独占

New Type ▶给予、分享

18　分享并给予之人最有可能成为最大获益者

互相残杀不是 New Type 的做法吧?

——拉拉·辛[6]

"共享"曾是一件坏事

如果你曾在有小孩的英语家庭圈中生活过,那么我想你肯定看到过卡伦·卡茨所著绘本《我会分享》。这是一本经典的绘本,告诉总想要"独占"的孩子们"共享"的乐趣和重要性。介绍如下:

对于幼儿来说,"共享"是一个很难理解的概念。但如果有了这个绘本,他们就能知道"共享"也是一件有趣的事情。[7]

但会不会即使孩子读了这个绘本，也依然无法理解"共享"这个概念呢？又或者会不会孩子从幼儿时期接受的教育就远没有家长期待的那么有效？

例如，比尔·盖茨曾经对拥护 Linux 等免费软件的人们说尽了一切想得到的讥讽语言。盖茨认为免费软件的信奉者是一种邪恶的存在，他们给"想独占市场"这种热情当头泼了一盆冷水[8]，而这种热情支持着美式幻想。据盖茨所说，美式幻想的体现者欲望很强、不宽容、不允许与他人共存。但如果真的把成为这样的人作为"国家的梦想"，那不得不说这个梦想非常低劣。

幸运的是，Airbnb（全球民宿短租公寓预定平台）等"促进共享的平台"2019 年的时价总额（股票各牌名的收盘价乘以各自上市股票数的数值）相当高，创业者无疑作为美式幻想的体现者得到了认可，所以比尔·盖茨假想的那种"梦想"也许就是 Old Type。

即便是如今，依然有很多人信奉这种 Old Type 的思考方式，即认为"独占比共享具有更大的经济价值"。但也许可以说这也是合乎情理的，因为一直以来，"商业贸易"注定致力于独占。

读了经营学中战略论的古典式教科书、迈克尔·波特的《竞争战略论》后，这一点就很好理解。波特的战略论基本上采用的是经济学中产业组织论的结构，其主干和枝叶全都在回答"怎样可以独占市场"这个"大问题"，这是因为波特本人是经济学博士而非经营学博士。

用一句话来概括："经济学"忌讳"独占"，波特却在"经营学"中将"独占"当作"希望的状况"。

经济学的目标是"社会福利最大化"，并排除一切阻碍该想法实现的因素，简单来说就是想打造一种"好的社会"：市场中进行健全的竞争，人们购买的东西都物美价廉，没有任何企业独占性地获得巨大利益。

也就是说，避免任何一家企业独占市场而导致市场无法新陈代谢。

但是，站在参与市场的企业的角度来看是怎样的呢？一家企业独占性地支配市场，能获得巨大利益，市场又完全不会新陈代谢——这简直是理想状态。

《竞争战略论》一书原本是为了颠覆产业组织论而写，产业组织论即一种避免"独占"的体系，该书暗示了"独占"对企业来说一直充满诱惑。

但是就如之前所说，"独占"与"富裕"之间如今不再有关联。比如维基百科，它主要由个人无偿撰写，但它几乎撵走了所有盈利的百科词典，又如"知识共享"平台，该平台在没有著作权者允许的情况下合法使用图片和音乐等，收纳超过 14 亿条的内容。

Old Type 的教条坚持"致力于独占可以将财富最大化"，而 New Type 则提倡不要一味地致力于独占，而是通过积极地与他人共享成果来扩大整体财富。

我想，New Type 的时期正在到来。

"共享会产生损失"是幻想——人真的要以己利为先吗？

迄今为止，我们在资本主义世界一直将"独占"和"所有"等概念奉为"绝对善"，而如今"共享经济"的勃兴极大地动摇了这些概念。

如果经营学中竞争战略论的根基是由"怎样才可以独占市场呢"这个问题形成，那么生长于根基之上的主干和所有枝叶就都会导致一种情况，即如今因"共享经济"而产生的巨大价值及分歧。直白地说就是它作为一种理论，从根基开始就存在问题。

那么，我们应该如何定位"所有"和"独占"这两个概念呢？

一开始，自中世纪后的数百年间，并不存在如今被称为"所有"的概念。例如在英国，很长一段时间内都是以公有地为中心形成农耕生活，封建领主通过将自己的土地租给农民来赚钱营生。

封建时代的农业是在如今我们称为共同社会的社会构造中经营的。农民将所有人的土地汇集起来作为开放耕作地和公共牧草地，然后大家一起耕作。但是由于各种原因，这种"幸福的时代"并未持续很久。发生了什么呢？

对于这个问题，给出最"有名的回答"的恐怕要数加勒特·哈丁。加利福尼亚大学圣塔芭芭拉分校的生态学教授哈丁 1968 年在科学杂志《科学》上发表过一篇名为《公有地的悲剧》的论文。

假设这里有一块"任何人都能使用的牧草地"，每个养牛人通过尽可能在牧草地放牧更多的牛来实现自我优势最大化。但如果其他养牛人也这样想，那么牧草地在短期内就会荒废。

而如果牧草地荒废，所有养牛人就会在荒废前去榨取最大限度的利益，因此竞争只会更加激烈。哈丁作了如下总结：

这就产生了悲剧。他们被束缚于一种体系，即不得不无止境地增加自家的牛，但这个世界是有限度的。在相信公有地自由的社会，一边追求自我利益最大化一边突进，那么等待他们的就只有毁灭。公有地自由将导致全员毁灭。[9]

这个结论十分直白，那么我们要怎么做呢？哈丁的结论很明了，那就是"只能通过中央集权化政府的严格指导来统制公有地"。

读了哈丁的话，应该有读者会觉得有些微妙的违和感吧？比如我们以牧草地为例，如果你自己就是一个养牛人，你也想要尽自己所能，尽可能在牧草地放牧更多的牛。

恐怕很多人应该都想着"应该和周围的养牛人放牧数量相同的牛"。为什么呢？因为大家都知道，那种为了自己利益的养牛人终将被团体所疏远。

经济学家埃莉诺·奥斯特罗姆曾详细地挖掘过这一点，并针对哈丁作出过可以说是决定性的反论。[10] 奥斯特罗姆搜集了 1000 多年的公有地历史，并对过去的公有地成败的主要原因进行了分析，除此之外，她还提出了令未来的公有地取得成功的关键，因其功绩，她在 2009 年成为首位获得诺贝尔经济学奖的女性。

这里受篇幅限制所以无法深入，奥斯特罗姆的主张简单概括如下："在管理放牧动物的牧草地、渔场、灌溉设备、森林等共享资源时，即便个人处于困窘状态，一般情况下也都是团体利益先于个人利益，比起改善短期状况，理应优先保全长期性的共享资源。"用本书的结构来说就是"公有地原本就是靠 New Type 的思考方式支持，而不是 Old Type"。

关键在于，哈丁基于自己的"人类观"进行空想思考实验后指出了"公有地的悲剧"，奥斯特罗姆则像人类学家一样实地考察全世界的公有地，并基于观察结果和事实提出了反论。

本书开头提到过一种大趋势，世界因这种大趋势而变化。奥斯特罗姆基于这项调查毋庸置疑地明确表示，公有地是非常优秀的统制组织，在变化的世界中，公有地成为应对人类面临的环境、经济、社会等各种问题的方法。

Old Type 想让所有公有地都令个人利益最大化，哈丁认为 Old Type 的这一想法将导致公有地毁灭，奥斯特罗姆不仅否定了哈丁的主张，而且对其"人类观"也抱有极大疑问，哈丁的人类观以个人在市场寻求自我利益最大化的微观经济学为前提。

但是想一想，尽管资本主义体制自18世纪形成后仅持续200年便灭亡，但在这200年间，出现了各种制度疲劳然后瓦解，而公有地自原始时代以来则持续了数千年。许多启蒙主义哲学家和保守的经济学家都推崇哈丁那样的人类观，如此想来，我们或许一直在为他们所提倡的人才模范所愚弄。

马拉松式的人生中，"分享"与"付出"是成功要因

接下来，让我们将视线略微转向个人吧。正如之前所说，Old Type旨在独占，New Type则旨在共享，为了共享，首先要拿出自己拥有的东西，也就是"Give&Take（给予＆获取）"中的"Give"很重要。但是，很多人对这种意见都有强烈的抵触感吧。因为在无法期待任何回报的阶段，如果自己给予，就会觉得"给予折损"。实际上是怎样的呢？

宾夕法尼亚大学沃顿商学院的组织心理学家亚当·格兰特进行了大规模调查，对比了"先付出的人＝Giver"和"先得到回报的人＝Taker"，明确Giver在中长期取得巨大成功的人中占据压倒性的地位。[11]

另一方面，Taker是怎么样的呢？Taker尽管能获得短

期的好评，但从中长期来看不及 Giver。也就是说，如果跑百米，那么 Taker 更有利，但如果跑马拉松，则是 Giver 更有利。

正如我们在第 1 章大趋势中所说，我们的职业生涯呈现长期性的延长趋势，"马拉松化"越来越发展。也就是说，Old Type 想从别人那里夺取并独占，即 Taker，New Type 给予他人、与他人共享，即 Giver，今后的社会，后者较前者更为有利。

如果有什么要强调的话，那就是如果很多人选择跨组织工作，个人评价和信用等社会资本通过区块链等技术在公共空间积累，那么个人评价就会立刻通过网络与他人共享。当然，Taker 就会被评价所束缚，网络价值就会大大削减吧。

关于这一点，密歇根大学社会学教授韦恩·贝克等人的研究给予了很有意思的启发。在这项研究中，他们将职员之间的关系分为 5 个阶段评价，从"夺取能量"到"给予能量"，构图很像银河系。

Taker 像黑洞一样，从周围人那里吸取能量，Giver 则完全像太阳一样为周围的人们注入能量。Giver 不独占成果，而是积极地支持他人，制造可以让同伴活跃的机会。

在这样的世界，寻求短期独占然后从他人那里夺取的 Taker 的行为方式只能说是 Old Type。另一方面，New Type 则是先付出，将自己的所有物与他人分享。

总　结

在从前商业贸易的世界，"独占"被认为是"好事"，"共享"则被认为是"坏"信条。但如今，Airbnb等各个领域中，以"共享"为前提的商业正在持续创造巨大的财富。

亚当·格兰特的研究显示，人们常说的"Give&Take"中，Taker总觉得利益到手很容易，但他们获得的利益实际上只不过是短期性的，而Giver获得的则是中长期的、远超Taker的利益。

格兰特的意见暗示，职业呈长期化趋势，且与各种各样的组织有关，当今社会需要积累评论等社会资源，在这样的社会中，最终Giver会比Taker获得更大的利益。

回顾过去的历史，拿破仑和希特勒这种寻求短期利益和独占的人，他们的繁荣不过是短暂的；而另一方面，旨在通过平衡势力从而共存共荣的英国却能够构建长期的繁荣。

1　这里虽然没有深入，但斯宾诺莎认为自然企求力十分重要。
前提是这个世界的所有个体都具有完整性。既然已经具有完整性，所以比起"改变自己"，"做本来的自己"更重要，因此自然企求力变得十分重要。

2　构成生物分类标准的一切形态上的特征，尤指以显性所表现出来的各种遗传上的性质。

3　凯瑟琳·M.艾森哈特、本汉姆·N.塔布利兹，《加速适应过程：

全球计算机产业的产品创新》，《管理科学季刊40》（1995）：85—110。

4　　几乎所有哺乳类动物都具有感知并传达痛感的神经系统（在生物学及医学用语中称之为侵害接受器），但鱼类、昆虫等是否具有痛感似乎还不确定。纵观最近的论文，"鱼类有痛感，昆虫没有"这种说法好像比较占优势。但是，既然"痛"这种感觉本来就是主观性的，那么别说是其他动物了，从原理上来说，就连人类之间也无法确认彼此是否拥有相同的感觉。

5　　维基百科中"多人体操"这一词条显示，1969—2014年的46年间，共有9人死亡，92人留下后遗症，1983—2013年的31年间，学校的多人体操中发生了88起造成学生残障的事故。尽管已经如此宣传这项运动的危险性，但很多幼儿园、中小学依然未废除多人体操，这是为什么呢？就我个人来说，我认为最主要的原因在于教师的个人主义，即想要基于全体主义来支配学生。

6　　拉拉·辛，动漫《机动战士高达》中登场的架空人物。这名New Type的少女于战争中被夏亚·阿兹纳布尔发现，然后在弗拉纳冈机构被养大。吉恩军少尉。具有极高的New Type能力，利用搭载感应系统的机动装甲"荷蒙斯"进行全方位攻击，在宇宙要塞所罗门攻略战之后，逐个击破了集结的地球联邦军的舰船和机动战士。

7　　转载自刊登于亚马逊上的介绍文。

8　　迈克尔·坟尼罗斯，《比尔·盖茨访谈》，CNET科技资讯网，2005年1月5日。

9　　加勒特·哈丁，《公共资源悲剧》，《科学》（1968年12月13日）。

10　　埃莉诺·奥斯特罗姆（1933年8月7日—2012年6月12日）。美国政治学家、经济学家，印第安纳大学教授。2009年10月12日，与奥利弗·威廉姆森共同获得诺贝尔经济学奖。首位诺贝尔经济学奖女性获奖者。

11 格兰特的研究显示，有一种能轻松看透 Taker 的方法，那就
是看 Facebook 的相册照片。据格兰特所说，Taker 的相册照
片都是以自我为中心，且明显比本人要好看。另外，好友数
量多也是 Taker 的特征。似乎是在拼命地构建人脉以便有事
时能救助。

第 7 章

New Type 的
学习能力

——从库存型学习到流动型学习

人文科学

Old Type ▶依赖科学进行管理
New Type ▶灵活运用人文科学进行构思

19　打破常识，产生优质"问题"

> 啊，愚蠢。愚蠢也分很多种，聪明似乎是其中相当
> 愚蠢的一种。
>
> ——保尔·托马斯·曼[1]

人文科学提升构思力

我在第 2 章中提及导致"问题稀少化"和"创新停滞"的原因均为"构思力减退"，那么，提升"构思力"的必要因素是什么呢？答案是"人文科学"。

科学在解决"被给予的问题"时会成为非常锐利的工具，但它并不擅长生产"问题"。为什么呢？正如之前所说，我们要产生"问题"，就必须构思它的前提，即"应有状态"，而"应有状态"取决于个人健全的世界观及审美意识。

人应该怎样生活？社会应该以什么样子存在？这些事情并不由科学规定，我们应该运用人文科学进行思考。

我曾在《世界精英为什么要培养"审美意识"？》一书中指出，Old Type 依赖于偏重科学的管理方法，这种管理方法成为道德低下、差别性丧失等各种问题的元凶，与之相对，越来越活跃的 New Type 则更加重视审美意识和直觉等艺术层面的学识。幸运的是，这一看法在经营者等群体中获得了极大反响，"经营中科学和艺术的再平衡"这个问题备受热议。

为什么我们当下更偏重科学呢？造成这一现状的契机是美国薪水调查公司 PayScale 进行的全球薪水情况调查，《华尔街日报》曾于 2008 年对此进行报道。

该报道称，取得 STEM（分别为：Science= 科学、Technology= 技术、Engineering= 工学、Mathematics= 数学）数理工科专业学位的学生大多获得了高薪水职位。

例如刚入职的应届毕业生的"薪水中间值"，麻省理工学院和加利福尼亚理工大学处于顶尖位置，这两所学校毕业生的薪水中间值为 7.2 万美元，即便是中途录用的初薪中间值也分别位居第 3 和第 6。

这篇报道加上近年人工智能和大数据的骚动，导致这些年来人们普遍认为"今后有 STEM 学位就有铁饭碗"。可是既不参照众数也不参照方差，只比较中间值，然后得出"想获得高薪水就要取得 STEM 学位"的结论——一定会有人觉得这种方式太乱来吧？

实际上，如果从不同的论点出发来思考 PayScale 公司得到的数据，就会收获迥然不同的结论。例如在全美国中途录用者中，我们不关注中间值，而将视线投向"以最高年收入被录用的上位 10%（该调查设定 30 万美元以上）"，这时我们会发现，麻省理工学院勉强位列第 11 位，只不过在排行榜上露了个脸，而第 1 到第 10 位为教育系十分优秀的耶鲁大学和达特茅斯学院等学校。

除了学校之外，我们在不同专业上也可以看到同样的倾向。的确，普遍来说计算机科学和化学工程专业的中途录用者的薪水平均值居于上位，而前 20 名中，我们很难看到人文科学学科的身影。

但是，纵观全美顶尖的成功人士即年收入处于上位 10%的人的专业科目就会发现，他们在政治学、哲学、戏剧、历史等人文科学学科方面均十分突出。

综上所述，如果能取得 STEM 的学位，入职时就能获得"超过普通人"的收入——似乎可以说这种概率的确很高，意思是当一个 STEM 学位获得者在入职时即作为该组织的"职员"被录用的那一刻，更有可能获得高于其他"职员"的薪水。

但突出的高收入者，即掌管经营或通过独特的智慧和创作活动对社会产生影响的"领导者"，他们中的很多人都拥有人文科学学科学位。

这一事实和这 10 年间教育及政治界的主张迥然不同，因此也许会有读者觉得困惑，但仔细想想就会明白这很正常。

本书已经指出，在"物质"和"便利性"过剩的发达国家，人们公认"有意义"比"有用"更有价值。

经过分析就会发现，科学负责提升"有用程度"，艺术则负责提升"有意义程度"。当今社会，"有意义"产生的价值较"有用"更大，因此全美国最高收入的人中，拥有人文科学学科学位的人自然更多。

领导者的职责是"设定问题"

接下来，让我们将"设定问题"和"解决问题"这两个职责放进组织框架中进行思考。

这很好理解，越处于组织的上层，工作重心就会越偏向"设定问题"，而越处于组织的下层，工作重心就会越偏向"解决问题"。为什么呢？因为设定经营任务是经营者的职责，而实际解决任务则是中坚层以下职员的工作。

这样想的话，我们就能够理解组织上层和下层所需的能力究竟哪里不一样。也就是说，在"设定问题"中占大比重的"组织上层者"需要具备人文科学能力，而在"解决问题"中占大比重的"组织下层者"则需要具备自然科学能力。

若按那样的需求配置人才，那么自然会得出 Payscale 公司统计的结果，即"职员中能够获得较高薪水的是 STEM

学位持有者，收入最高的人（＝组织和社会的领导层）大多为人文科学学科学位持有者"。

但近年来，许多企业的人才配置并非如此。尤其是近10年间，工商管理硕士那种重视"数值分析"的倾向很强，我觉得很多企业都在出尽同一种前后矛盾的洋相，即职责分配颠倒，经营者对于"构思未来"这种最重要的工作不予理会，却一味地执着于"解决问题"。而经营者的左膀右臂、那些工商管理硕士毕业生只会像转轮中的仓鼠一样，不断机械地进行数值分析。

只会分析的工商管理硕士毕业生、缺乏人文科学素养的经营者、拥有统计能力的数理系人士——归根到底，这三者之间过于和谐的关系导致"数值分析"的倾向极强。

迄今为止，那些通过不断考试、学习等方法寻找"正确答案"从而取得成功的经营者，他们十分畏惧"智慧格斗"，即充分运用五感去全面掌握社会和未来，他们只是将眼前的事情和现象当作单纯的模型，像玩游戏一样，运用抽象化的片断性数据进行决策，从而产生一种"我好像在从事经营"的错觉。

一旦陷入这样的状态，人的世界观就会孤立，并失去和社会、顾客、职员的联系，因此为了掌握问题和现象，就会明显依赖于他人给予的单纯的分析数据。这里的"他人"指的是战略型咨询公司等重视自然科学的人们。他们声称根据数值和分析就能掌握世界，然后将分析报告和高价请求书提交给孤立的经营者。

于是，缺乏文化素养的经营者和重视自然科学的参谋者带领企业走上了一条"不构思，光提高生产力"的不归路，而职员的道德和动力则遭到破坏，频繁违反承诺。

这就是如今日本大型企业的现状。

但就像之前所说，如今"正确答案商品化"发展，"有用"市场的最终战争即将到来，只依赖自然科学从事经营的Old Type 完全落后于时代。

本书中已经就"设定问题的 New　Type"和"解决问题的 Old　Type"进行了说明，在这里又演变成了"利用人文科学的 New　Type"与"利用自然科学的 Old　Type"之间的对比。

作为武器的人文科学——用于质疑当下结构

Old　Type 依赖于自然科学，只关注"解决可见的问题"，New Type 则立足于人文科学，构思未来。也许会有人备感讶异，为什么人文科学有利于构思未来呢？

从结论来说，所谓人文科学就是打破我们觉得"理所当然"的事情，然后让问题浮现出来。

让我来问各位读者朋友一个问题吧，为什么要算利息？恐怕很多人会回答"借钱方必须承担借出方损失的机会费用"。的确，对于生活在现代的我们来说，"附加利息"成了一种常识。

但这个常识只在现代通用。例如，中世纪的欧洲和古埃及很长一段时间内采用的都是负利息的经济体系。在负利息社会，持有现金会有损失，最好尽早与具有长期价值的物质交换。

那么，什么东西历经弥久却依然持续产生价值？没错，就是宗教设施和公共基础设施。人们就是基于这种想法推动了尼罗河灌溉事业以及中世纪修建欧洲大圣堂建筑。

因为有了这项投资，前者促进了肥沃的尼罗河一带的耕作，推动了埃及文明发展，后者会集了全世界的巡礼者，促进了欧洲整体经济活性化和道路基础设施的完善。

我们将各种常识作为理所当然的前提，但我们理应铭记，这些常识实际上既不是常识也不是任何东西，只不过是在"此时此地"通用的局部性、限时性的习惯。

有些人浅薄地认为，人文科学是社会人必备的教养，但其实不然，所谓人文科学，其中的"人文"指的是自由，"科学"指的是技术，综合起来就是"为了变得自由的技术"。

那么，这里说的"自由"究竟是什么呢？其语源来自《新约圣经》的约翰福音书第8章第31节耶稣所言"真理必叫你们得以自由"。

所谓"真理"，就如其字面意思，指的是"真的理（＝道理）"。即便时间流逝，地点变更，真理也不会发生改变，普遍性、永久性的道理就是"真理"，通过懂得这一点，我们就可以从限时限地观察支配性事物的结构中解放出来。而所谓的"限时限地观察支配性事物的结构",比如"附加利息"。

也就是说,在这个世界,我们将某些前提和结构作为常识通用且对此深信不疑,而当我们试着将这些前提和结构放在对立的情况中比较并提出"质疑",这就是人文科学的精髓。

不过,如果对一切"理所当然"都有所质疑,那日子就没法儿过了。比如为什么红绿灯是红灯停、绿灯行?为什么人们告别的时候是挥手而不是摇头?假若这种事情都要一一考虑的话,日常生活就会一团糟了。人们常说的"质疑常识"其实迂腐又肤浅。

也就是说,质疑常识这件事很费成本。但另一方面,如果停止质疑眼前的常识,那就无法构思未来。

从结论来说,解决这种矛盾的关键只有一个,不过并不是人们常说的不断"质疑常识"的态度,而是具备分辨"观望即可的常识"和"应该质疑的常识"的好眼光,而给予我们这种好眼光的正是人文科学。

我们通过用人文科学这个透镜去眺望眼前的世界,将世界对立化,从而令缺乏普遍性的东西浮现出来。例如,史蒂夫·乔布斯正因为知晓书法的美丽,所以才会产生"为什么计算机字体这么丑"的疑问,又如切·格瓦拉,正因为他知道柏拉图所说的理想国家是什么,所以他才会产生"为什么古巴的情况这么惨"这种问题。

面对眼前的世界，我们不是要接受"它就是这样的，没办法"然后放弃，而是要进行比较，正因为比较后会发现"缺乏普遍性"，才存在应该被质疑的常识，而人文科学作为反映出这一点的透镜，拥有最锐利的清晰度。

在分裂社会中成为"横跨领域的武器"

在专业领域分裂化发展的现代社会中，人文科学还成为连接那些领域并恢复整体性的武器。

技术必然需要专业化……如果把教养这个概念当作和科学知识等专业化知识对立的概念来看，那么我想胜负可分，教养必败。但是教养这个东西，在跨越专业领域时，能令行为、精神更加自由灵活。专业化越发展，能够跨专业活动的精神能力就越重要，而能够给予这种能力的只有教养。正因为如此，科学知识、技术和教育越发展，教养就变得越重要。

——加藤周一《为了教养的再生》

加藤周一指出"为了自由地横跨专业领域，教养即人文科学是必要的"，这正是 New Type 的主要条件，你们注意到了吗?

Old Type 的做法是封闭在自我感觉良好的领域，就像闷在陶罐里一样，把身为专家的权威当作盾牌，然后静静地守着那份骄傲感，New Type 则是穿行于不同的专业领域，然后驱动相应领域中如寄居蟹般的 Old Type 专家，以达到共通目的。

相信大家在职场都经历过这样的事情，因为"自己不是那方面的专家"这种自卑感，所以尽管觉得"有些奇怪啊"，却很犹豫要不要多嘴告诉领域专家，我们应该记住，这种理所当然的顾虑大大阻碍了全世界的进步。

世界上很多进步都是因身为门外汉的普通人的想法而得以实现的。"典范转移（又称范式转移，这个名词用来描述在科学范畴里，一种在基本理论上对根本假设的改变）"一词诞生于美国科学史家托马斯·库恩所著《科学革命的结构》一书，该书指出，典范转移在很多情况下是因为"进入这个领域的时间太短"或"太年轻"。

自由跨越专业领域的同时，即便对于浅显的问题也立足于整体性观点，思考应该思考之事，论述应该论述之事，而人文科学就是基础性的武器。

总　结

人文科学是提升构思力的必要武器。自然科学在解决被给予问题时会变成非常尖锐的工具，但并不擅长"设定问题"。

组织上层的职责是"设定问题"，组织下层的职责是"解决问题"，那么 Payscale 公司的调查结果自然是必然的。但这种关系在近十年崩坏，很多企业的组织上层都专注于"解决问题"。

如果陷入这样的状况，那么组织就会失去愿景和存在意义，经营就会变成只追求变小的关键绩效管理指标和生产率，导致频繁发生职员疲惫、道德低下、违反规定等问题。

我们通过学习人文科学可以掌握一种能力，即在内心建立时间轴和空间轴，然后打破眼前的常识。这种"对于常识的违和感"和提出无人关注的新问题相互关联。

Old Type ▶归纳、理解
New Type ▶倾听、共鸣

20 把"他人"作为改变"自己"的契机

所谓聪明之人，就如同脚程快的旅行者。他们可以比别人先去到人迹未至的地方，但同时，他们也可能会忽视沿途或小路上一些重要的东西。

——寺田寅彦 [2]

因"轻易就理解了"而错失新发现

因为世界渐渐变得模糊、复杂和不可预测，所以我们对事物的"理解"有所动摇。

基于过去的经验，我们形成了模式认知能力，然后以此去梳理及理解眼前的现实。但在越来越不安定、不确定、复杂、模棱两可化的社会，如果依然简单地去理解事物，那么对于已经变化的现实，我们就可能会仍然采用固有模式，本应"无法理解"的问题却感觉好像已经"理解了",然后采取偏离现实的应对方法。

尤其是 20 世纪后半期，Old Type 的行为方式被认为是"有才"的证据，所以人们容易错以为这就是所谓的"优秀者"。它的做法是单纯地将事物还原成本来的样子，然后采用诀窍应对。但是在千变万化的不安定、不确定、复杂、模棱两可化的世界，依然按照旧模式、突然觉得自己想通了"啊，就是那个！我懂了"的毛病有可能会酿成极大的错误。

为什么 Old Type 马上想说"我理解了"呢？因为经验告诉他们，这样做就会获得称赞。当今社会，Old Type 正是把这种毫无批判地称赞"理解很快"或"理解能力很好"的倾向作为一种偏见利用。

我曾长期从事咨询行业，其中就有很多这种类型的人，他们有几个特有的口头禅，说得最多的要数"总之……吧"。

咨询顾问这种人很喜欢将事物一般化，然后通过模式认知被夸奖"你好聪明啊"，所以他们听了人们的话后，就会难以控制地在最后加上一句总结性话语。

但是，这种 Old Type 的行为方式，即提取对方话语的重点后将其一般化、最后进行总结的做法，在像现在这样环境变化很快的情况下，从两大观点上来看均存在问题。

首先，双方对话时，如果说话方拼命地解释说明，最后却被对方简化为"总之您说的就是……对吧"，那么即便对方确实总结了重点，但总觉得有点像消化不良或者遗漏了某些重要信息。

我们日常使用的"语言"是很粗糙的交流工具。因此从原理上来说，我们无法100%将自己知道的东西转换成语言并传达给他人，即"语言"形成的交流有可能会像漏水一样丢失"某些重要的东西"。

活跃于20世纪的匈牙利物理学家、社会学家迈克尔·兰尼[3]曾说，"人所知远超人所言"。如今，我们一般将这种"溢于言表的知识"概括为"隐性知识"，但我们不能忘记，通过语言进行的交流常常会"丢失信息"。

"总之"是最浅显的理解

其次，"总之就是……对吧"这种聆听方式对听话者来说也有问题。为什么这么说呢？因为如果采用过去的典范模式，冷不防地认为自己已经理解，那就会限制获得看待事物的新想法和扩大世界观的机会。

在如今这样变化十分激烈的时代，这种行为方式有碍学习，我们只能断言它是典型的 Old Type。

我们内心无意识地形成了一种"心理模型"。所谓心理模型，即每个人心中拥有的"看待世界的结构"。人通过五官从现实的外在世界获得信息，然后通过该心理模型以可理解的形式筛选和歪曲这些信息，令人体接受。

"总之就是……对吧"这种总结方式，只不过是运用自己的心理模型去理解从对方那里听到的话而已。但如果只采用这种聆听方式，那么将无法获得"自我改变"的契机。

美国麻省理工学院的奥托·夏莫曾提出一个"U形理论"，该理论认为，与他人交流时，聆听方法的深度分为4个层次。

层次1 用自我框架内的观点进行思考。

用旧想法思考新信息。如果将来位于过去的延长线上则有效，如若不然，状况就会毁灭性地恶化。

层次2 观点介于自己和周边环境之间。

能客观地认识事实。当将来位于过去的延长线上时有效，如若不然，就会变成打鼹鼠般的对症疗法，无法解决本质性问题。

层次3 观点位于自己之外。

能一体化，可以用顾客日常使用的语言来表现顾客的情感，和对方建立超越商业贸易的关系。

层次4 自由的观点。

感觉与某些重大事情相关。这种认知并不是纯理论的堆积，而是迄今为止的生活经历、知识相互结合形成。

这4个阶段的交流层次中，总结为"总之就是……对吧"的做法只不过是最浅显的聆听方法，即"层次1：用自我框架内的观点进行思考"。

如果采用的是这种聆听方法，那么听话者就无法逃离固有结构。如果要通过更深层次的交流，从双方对话中获得深层次的想法和创造性发现，那就必须戒掉"总之就是……对吧"这种模式认知，不和已知的旧数据作比较。

轻易"理解了"这件事，只不过是强化过去的感觉结构而产生的一种错觉而已。为了真正实现自我改变、自我成长，不轻易认为自己已经理解，就必须要倾听对方说的话并有所共鸣。

"不理解"的重要性——他人是意识到问题的契机

改变自己的契机是"不理解"。活跃于 20 世纪的哲学家列维纳斯以"他人"这一概念为重点，一生都在不断考察"不理解"的重要性。

列维纳斯所说的"他人"并不是字面意思的"除了自己以外的人"，而是指"不理解、无法理解的人"。为什么这种"他人"很重要呢? 列维纳斯的答案非常简单，因为"他人"是意识到问题的契机。

从自己的观点出发去理解世界和"他人"的理解是不同的。人们当然可以否定他人的观点，认为"你是错误的"，但实际上，很多人类的悲剧都是"自己是正确的，不理解自己言论的他人是错误的"这种判断所导致。

"他人"拥有和自己不同的世界观，这时，通过将"他人"作为学习和意识到问题的契机，我们就有可能获得另一种迥异的世界观。

我们常说，互联网的出现导致"世界变小了"。的确，以前和国外通信来往要花费好几个月，但现在这种传统的寄件方式被电子邮件取代，点击发送即可瞬间将邮件发到对方邮箱。如此想来，我们的确能说物理世界变小了，但反映我们内心风景的精神世界真的缩小了吗？

Old Type 的行为方式是只和一类人结伴，这类人接受和自己相似的教育，拥有和自己相似的政治态度，具有和自己相似的经济水平，大家一味称赞彼此的意见和行为"很棒啊"。这种行为方式有可能封闭我们的精神世界，只接触"能彼此懂得的人"，隔绝外界"不能彼此懂得的人"，或者一开始就不让这些人存在。也就是说，因为互联网的出现，我们恐将"孤立化、分散化"。

如今，价值观越来越多样化，大多数人在一生中必定和各种组织及团体有所关联。

在这样的时代，如果只和与自己价值观契合的、能彼此"懂得"的人交流，认为其他人"不理解"然后抛弃他们，那么我们的人生将会失去丰富的"学习契机"。

我们既不能单纯追求突然"理解"，也不能反过来排他性地舍弃"不理解"，我们需要的是 New Type 的行为方式，即仔细倾听他人的声音并有所共鸣。

总　结

在飞速变化的不安定、不确定、复杂、模棱两可化的世界，如果一直持续 Old Type 的思考方式，即按照过去学习的模式认知，突然"理解了"，那就可能会错过时代巨变的预兆。

在这样的世界，Old Type 的"粗浅的聆听方式"必须转变成 New Type 的"深度的聆听方式"，前者是按照自己的框架去理解接收到的信息，后者则不束缚于框架结构，感知并倾听彼此。

价值观多样化发展，我们在生活中不得不和各种各样的组织及团体产生关联，在这样的时代，如果排除"不理解的人"，只和"能彼此懂得的人"结伴，那就会错失珍贵的"学习机会"。

排除"不理解"是 Old Type 的行为方式，如若如此，那么世界将被分割成仅由"彼此懂得的人"构成的岛屿状宇宙。

New Type 不是突然"理解了"，也不是排除"不理解"，而是通过倾听他人的声音并产生共鸣，从而创造意识到问题的新契机，然后活用从中学到的知识，持续成长。

不拘泥于经验

Old Type ▶依赖经验

New Type ▶抛开经验，不断学习

21 努力改变模式认知

> 很多高龄老人，除了阅历深以外，没有任何证据能
> 证明他们活了很久。
>
> ——吕齐乌斯·安涅·塞涅卡[4]

模式认知产生的"经验"不良资产化

迄今为止，我们一直都把"经验多少"用作定义一个人
是否优秀的重要标尺。但今后，"经验多少"将不再是衡量
才能的指标。

在不远的将来，"拥有丰富的经验，然后依赖于经验的
人才"作为 Old Type 会失去价值，同时，"不依赖于经验，
从新状况中学习"的人才作为 New Type 则会获得高度评价。

为什么会发生这样的事情呢？因为经验的价值会根据环

境变化被重置。个人表现力因经验而提高，是因为经验提升了那个人的模式认知能力。

当一个人处理从未经历过的事态时，会在零经验的基础上收集信息，然后利用逻辑将这些信息进行组合，或基于本人的直觉一边摸索尝试，一边应对处理。当然，处理结果有时"成功"，有时"不尽如人意"，但如果长期积累这样的经验，那么终究会面临过去经历过的同样状况，这时，比起初次面临这种事态的人，那个人就可以用更高的准确率"更好地应对"。

为什么呢？因为这个人的心中形成了一种模式认知，即"在这种情况下，怎样处理会成功或不会成功"？如果一个人拥有众多这种模式认知，那么和相对较少的人比起来，准确应对各种状况的能力就更强，这很好理解吧？

典型例子就是经营学。经营学这种东西，若极端而论，就是一门为了多次模拟体验经营状况和处理方式的学问。正因为如此，工商管理硕士这个学位变成了保证个人"应对各种经营状况和问题的模式认知能力"的东西，并在劳动市场获得高度评价。

但是，如果环境变化加快，这种模式认知能力就会导致价值降低。不，何止降低价值，还有可能会像绊脚石一样，破坏个人对情况的适应能力。

例如在曾经的日本，人们一边把土地这种资产作为担保，一边举债经营，大胆地进行资金调配，这种积极扩大事业的做法被认为是"成功模式"之一。

土地价格在第二次世界大战后从未下降过，被认为是最稳健、收益最高的一项投资。正因为如此，许多企业为了稳定资产负债表，就向固定资产"土地"投资，然后再以此为担保，去投资风险相对较高的事业。

但20世纪90年代前半期泡沫经济结束以后，这种"成功模式"对于采用那种战略的组织来说就变成了噩梦般的绊脚石，束缚了经济。

也就是说，虽然历来的经验印证了这种成功模式，但当"持续上升的土地价格"这个前提崩坏时，这种模式就变成彻底误导决策的主要原因。

流体智力和晶体智力——智力和年龄相关关系的研究

在不安定、不确定、复杂、模棱两可化发展的世界，如果"经验无价值化"继续发展，那么组织内部"经验者"的发言权和影响力就会减弱，从而导致组织内决策的理想状况被迫变化。

想要解决眼前的问题时，可以采用以下3种方式。

随意型决策：通过直觉直接想出答案，然后进行决策。

启发型决策：基于经验寻找不错的答案，然后进行决策。

最佳型决策：基于事实和逻辑寻找最合适的答案，然后进行决策。

如果将这 3 种方式与经营学家亨利·明茨伯格提倡的经营三要素即"艺术""手工艺品""自然科学"——对应，那么，运用直觉和第六感的"随意型"对应的就是"艺术"，不费工夫地寻求还不错的答案的"启发型"对应的就是"手工艺品"，通过分析和逻辑寻求最合适答案的"最佳型"对应的则是"自然科学"。

如果曾经有过类似的事例，那么基于经验的启发型决策可能有效，但如果面对的是前所未有的问题，那么这种方式就无法成功发挥作用。

这时就轮到"艺术"或"自然科学"出场，不过能多顺利地运用这两种方法和年龄并无关系，倒是"大胆的直觉"和"周密的分析、逻辑"这些方面，从整体上来说年轻人更擅长。

人们曾经做过各种关于智力和年龄关系的研究，在这里我们以卡特尔提出的"流体智力"和"晶体智力"的结构为例。

所谓流体智力，指的是推理、思考、背诵、计算等用于考试的智力。如果用刚才的结构来说明，那流体智力就是基于分析和逻辑来解决问题时运用的智力种类。

所谓晶体智力，指的是知识和智慧、经验智力、判断力等和经验一起累积的智力。如果用刚才的结构来说明，那晶体智力就是基于经验规则和积累的知识解决问题时运用的智力种类。

重点在于，两种智力的巅峰年龄大相径庭。如图 15 所示，流体智力的巅峰在 20 岁前后，随着年龄增长会大幅衰退。

而另一方面，晶体智力即便在成年后也会继续升高，然后在60岁前后迎来峰值。

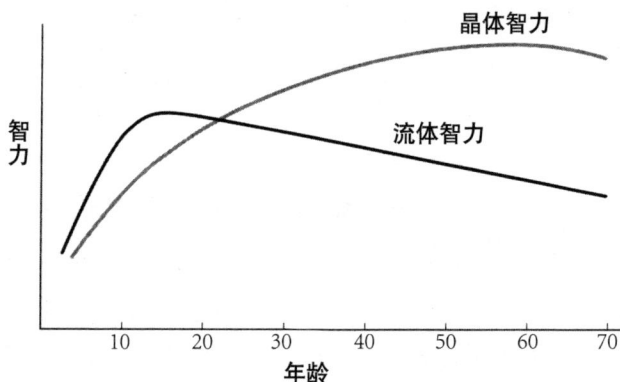

豪恩儿等《心理学报》1967；26（2）：107—29.
巴尔特斯 PB 等美国心理学家，2000 年 1 月；55（1）：122—36.

图 15　智力和年龄的相关关系

这就是为什么在从前的"恒定社会"，60 岁前后的前辈拥有极大的发言权并受到大家的尊敬。在那样的社会，流体智力优越的年轻人负责解决前所未有的新问题，分析和逻辑等方法不适用的复杂问题则由积累了经验智力的前辈解决，人们就是如此分担角色，维持组织和团体存续的吧。

但如今的社会变化非常之快，经过 10 年，环境就会发生很大的改变。在这样的时代，依然继续依赖积累的经验只能说是 Old Type 的行为方式。

关键在于"重置旧知识"而非快速学习

在经验价值瞬间削减的时代，代替经验的人才必要条件就是学习机敏性，即学习敏锐度。

我觉得最近组织开发和培养人才时，越来越多人将学习敏锐度视为重要论点，但依然不乏有人展开无关的争论以及胡乱使用概念。

学习敏锐度自然是和"学习"有关的概念，除了"学得很快"这个必要条件之外，还包含了其他东西。那是什么呢？就是能够"重置"。刚才我们说过，经验能够提高一个人的表现力，因为通过学习，人的模式认知能力有所提高。学习敏锐度不仅仅是"快速学习"，而是可以暂且将已经学会的模式重置。

这里有一点非常奇特，如果听到"学习"，人立刻会觉得是要"记住某些东西"，但学习敏锐度很大程度上也包含了"忘记某些东西"这一必要条件。

为了学习新的知识，我们必须舍弃一些会和新知识不协调及矛盾的旧东西。但人们渐渐无法做到这一点，这是因为学习的同时还伴有压力。

学习的过程始于"具体经验"。无论失败还是成功，首先都会有某些具体经验，然后才初次启动学习过程，比如没有人不摔就会骑自行车，也没有人不摔就会滑雪。

也就是说，很多学习都基于"失败"，很多人都是在付出"失败＝压力"的代价后才获得模式认知能力。

这里潜藏着"重置"的困难。

第一个困难是心理压力，不愿舍弃付出不少代价才获得的模式认知，即"沉没成本的偏见"。"沉没成本"就是指支付后无论作出怎样的决策也无法收回的成本。因为无论怎么做都收不回来，所以只要作出之后能获得最大利益的判断即可，但很多人无法作此判断，于是就想继续维持已经支付了代价的东西。

第二个困难是回避冲动，不想再次体会同样的压力。有些人反复失败后才获得模式认知，所以即便告诉他们"那个模式已经没用了哦"，他们也很难"改写"这种想法，因为他们担心自己又会经历同样的失败。

例如创伤后应激障碍（PTSD）就是体现"改写困难"的一种疾病。创伤后应激障碍是个体经历或目睹危及生命的悲惨事件后，产生闪回和梦魇症状的一种疾病，我们也可以认为它是一种学习障碍。无法忘记过去的悲惨回忆是因为尽管已经安全，但再次学习"已经安全"时却产生了障碍。

这样一想就会明白，为什么现存企业在很多新兴产业上无法发挥表现力。环境发生巨变时，迄今为止的经验不仅失去了价值，还导致决策和行为的质量变得十分低劣，这种现象尤其常见于电子科技界。

Google（谷歌）、Amazon（亚马逊）、Facebook（脸书）、Apple（苹果）这电子科技界四大霸者在创业之初也是"缺乏经验的新人"。搜索引擎业界中也不乏许多先锋企业家、销售书籍和生产手机的企业家。

但那些比四大霸者经验更丰富的先锋企业家却几乎全都无法越过数字化巨变的洪流，最终都化为泡沫消失于历史长河之中。他们拥有丰富的经验、知识和人才，理应成为胜者，但为什么无法成为胜者呢？原因其实很简单，那就是他们所积累的经验和知识导致他们成为输家。

Old Type 基于过去的经验和知识去理解眼前的世界，New Type 则虚心坦然地观察眼前的状况，发挥学习敏锐度，不断更新过去积累的经验和知识。在这样的时代，前者导致价值急速下降，后者则或将创造出巨大的价值。

总　结

迄今为止，"经验多少"一直被用作定义一个人优秀程度的重要标尺。但随着社会的不安定、不确定、复杂、模棱两可化发展，经验的不良资产化也变本加厉，因此人们对"经验"的评价发生了大幅改变。

在这样的世界，积累并依赖经验的 Old Type 在失去价值的同时，在新环境中迅速学习、抛弃经验的 New Type

则会创造出巨大价值。

决策的风格分为"随意型""启发型""最佳型"3种，根据环境变化，极度依赖经验的启发型决策的价值会相对下降。

智力分为"流体智力"和"晶体智力"，"流体智力"基于分析和逻辑等信息处理能力，"晶体智力"则基于积累的经验规则。当然，在环境变化激烈的世界，晶体智力的价值相对较低。

在这样的世界，持续依赖经验的 Old Type 的行为方式存在很大风险。今后，具有学习敏锐度即根据环境更新所学知识的 New Type 会更活跃。

1　保尔·托马斯·曼（1875 年 6 月 6 日—1955 年 8 月 12 日），德国小说家。代表作为《布登勃洛克一家》。摘自托马斯·曼《魔山》。

2　寺田寅彦（1878 年 11 月 28 日—1935 年 12 月 31 日）。日本物理学家、随笔家、俳句诗人。摘自寺田寅彦《科学家的头脑》。

3　迈克尔·兰尼，匈牙利出身、犹太裔物理化学家、社会科学家、科学哲学家。提出"隐性知识"的概念，即无法用语言表述的知识。

4　吕齐乌斯·安涅·塞涅卡（约公元前 1 年—公元 65 年 4 月）。尤里乌斯·克劳狄王朝时代（公元前 27 年—公元 68 年）的罗马帝国政治家、哲学家、诗人。因身为第 5 代罗马皇帝尼禄幼年的家庭教师而被熟知，尼禄在位初期为其智囊团。作为斯多葛派哲学家也很著名，著有许多悲剧作品，被认为是拉丁文学白银时代的代表性人物。摘自塞涅卡所著《论内心的宁静》。

THE RISE OF
NEW TYPE

第 8 章

New Type 的
组织管理

——从权力型管理到对话型管理

> 权力的终结

Old Type ▶察言观色，揣测及附和他人意见

New Type ▶敢于主动提出意见，勇于逃跑

22 提高"流动性"，优胜劣汰

> 如果对威胁和风险视而不见、避免对立、想与所有
> 人友好相处，那么这只是一种"湮灭哲学"。
>
> ——中西辉政[1]

掌握权力的 Old Type 道德持续崩坏

迄今为止，组织和团体中的重大决策普遍由其中"经验最丰富的人们"承担。

但是，如果不安定、不确定、复杂、模棱两可化的社会发展，经验变得无价值化，那么"由经验丰富的长辈进行决策"这种惯例必将无法担保组织决策的品质，不，甚至还有可能毁灭性地损毁决策品质。

尤其是最近，各种组织中都在发生这样的状况：缺乏审

美意识和道德观的长辈即退化的 Old Type 因为手握权力而随心所欲地鲁莽行事。如果让这样的长辈掌舵他们所属的组织，那么他们自己的人生也会遭遇危机。

那应该怎么做呢？

关键在于组织中坚层以下的人们即年轻群体的"意见"和"逃跑"。当他们对社会和组织中掌握实权的权力者施加改正的压力时，"意见"和"逃跑"就会变成非常强大的武器。

"意见"就是对于觉得奇怪的东西提出觉得奇怪，"逃跑"就是从不听取他人意见的 Old Type 权力者手下逃离。虽然这样可能有些不好的影响，但其实并不罕见，很多人在日常生活中都这么做。

例如购买了一件商品，如果有什么问题，就以索赔的形式提出意见，如果商家依然不改，那就退货，即以中止交易的形式逃跑。同理，股东如果对于高层领导的做法不满，就可以在股东大会上提出意见，如果高层依然不改，就可以变卖股份然后逃跑。

也就是说，企业利益相关者具备完善的结构和法律，顾客和股东可以行使提意见和逃跑的权利。这是因为如果"监视及反馈"的结构未成功发挥作用，那社会就无法运转。

顾客和股东受这种结构保护，可以提出意见也可以视情况逃跑，但职员不一样，他们不能提意见，更不能逃跑。当然，并没有组织明确提出"不能提意见"，但实际上不少领导者都半公开地表明"不欢迎意见"。

拥护这种领导者并希望享受权利余惠就是典型的 Old Type 的行为方式，组织道德现下正因这种行为方式而逐渐崩坏。

New Type 敢于提出意见和逃跑

另一方面，New Type 觉得奇怪就会提出意见、进行反驳，如果反复发生难以接受的事情就逃离组织。这是因为 New Type 知道，这种行为方式的确常常在一时之间无法获得利益，但是从中长期角度来看更有前景。

例如，当一个人被所属组织要求做不符合本人价值观之事时，这个人就会产生很大的压力，而要消除压力只有两种方法——要么改变组织，要么改变自己。

这时，很多人都会选择"改变自己"这个选项，但如果一直如此，那就会导致思考能力衰退、道德感麻痹，最终陷入 Old Type。

最近，日本频繁发生不幸之事，主导者正是这些"导致人格崩坏的 Old Type"，想想他们的职业人生和结局，我们也只能叹一句"悲哀"。

依赖组织到人格崩坏的程度，然后毕生为之工作，世界上应该没有人会觉得这种职业人生很幸福吧？这类人为了短期利益，一直封闭意见、不敢逃离，终将把自己的人生赶入

"无法挽回"的死角。

如果自己所属的系统陷入机能不全的状况，那么自身也不会平安无事。也就是说，如果对系统施加压力，即提出意见和逃离，那么自身利益最后也会有所影响。

要让系统健全地发挥作用且有所发展，适时、合适的反馈不可或缺。三里岛原子能发电事故中，因计算机没能及时处理复合性、连锁性发展的事故，导致未能获得适时、合适的反馈，最终发展成了核泄漏。

人类也被认为是一种系统，处理来自环境的信息，然后推动环境发展，因此为了提高表现力，做出更好的反馈就非常重要。意见和逃离是最容易理解且最有效的反馈方式。

小意见改变大世界

读到这里的读者中可能会觉得，像自己这种既无发言权也无影响力的人即使提出意见，状况也不会发生任何改变。他们认为"只有巨大的领导力才能改变世界"，即提出意见可以改变社会的人全都是发挥领导力的经营家和政治家，自己是不可能做到的。

但从两点来看，这种想法是完全错误的，让我们依次来分析。

第一点，我们回顾过去的历史就会发现，促成世界往好的方向改变的契机中，竟然有很多是因为积累了"渺小的领导力"。[2]

例如，美国民权运动的契机只是一个很小的事件，即所谓的"蒙哥马利巴士抵制运动"。一名年轻的黑人女性罗莎·帕克斯，当她被命令让出巴士上的白人优先座位时，她表示拒绝然后被逮捕入狱。当时，罗莎仅仅是一名在工厂工作的女工，并不是什么民权运动的活动家。这起事件也毫无发起革命或主导运动之类的意图，只不过是罗莎在被命令"从白人的位置上站起来"时觉得很荒谬，于是提出意见进行反驳，没有遵从指示而已。

也就是说，这里发挥的只是极其渺小的领导力。但那个小小的意见却变成了契机，最终掀起了改变世界的巨大浪潮，引发了全美运动。

科学作家马克·布查纳在其所著《"幂法则"推动历史》一书中就混沌理论提及的蝴蝶效应进行了论述，他举了一个事例，导致第一次世界大战爆发的奥地利皇太子被暗杀事件，其实只是因为皇太子所乘汽车的驾驶员开错了路，也就是说，比起权力者"巨大的领导力"，某些"小小的领导力"成为契机，大幅改变了历史的走向，比如某处每天发生的一些行为和言论等。

罗莎·帕克斯的这个故事暗示，人们基于个人道德观和价值观所提出的意见以及做出的逃跑行为，或许会导致百年后的世界发生巨变，罗莎·帕克斯的遭遇不会重演。

轻松汇聚渺小力量的时代

接下来，让我们来列举"巨大力量才能推动世界往好的方向变化"这种想法完全错误的第二个原因吧。

如今，集聚诸如罗莎·帕克斯那种"小小的领导力"的工具正渐渐完备。

例如一系列"Me Too"运动就让人明显感觉到这一点。所谓"Me Too"运动，简而言之就是受到性骚扰或性侵犯却忍气吞声的女性们勇敢发声，说出"我也受到了性骚扰或性侵犯"，这是一场全球性的运动。

这次运动的契机是好莱坞名牌制片人哈维·韦恩斯坦被告发性侵。在韦恩斯坦被告发前，他一直渴望获得作为好莱坞"王者"的权力，他制作的作品300余次获奥斯卡金像奖候补提名，并曾在奥斯卡金像奖颁奖仪式上发表过30余次演讲。

韦恩斯坦拥有十分巨大的影响力，但他却利用这种影响力为所欲为，反复对女演员实行性暴力和性骚扰，受到伤害的女性们害怕失去在好莱坞的地位只能忍气吞声。

无论是在系统内部积累了巨大权力的韦恩斯坦，还是默许他所作所为的同伙，他们都属于典型的 Old Type 的行为方式，即追求并依赖大力量。

但最终，他们都输给了集聚小力量的社会运动。告发韦恩斯坦的新闻被报道数日后，女演员艾丽莎·米兰诺呼吁曾遭受性骚扰和性暴力的女性使用"Me Too"这个话题标签讲述自己的受害经历。

这一呼吁得到众多女性支持,引发了巨大浪潮并席卷世界。在法国,加害者的真名被公布被谴责;在意大利,不断有人在推特上讲述自己的受害经历。受到这些运动影响,美国联邦议会的女性议员们也告白自己曾遭受男性议员的性骚扰;在英国,被怀疑涉嫌性骚扰的国防大臣迈克尔·法伦被迫辞职。

曾经只能忍气吞声的弱势群体通过科技相互联结,并有能力对抗"大力量"。

我们有可能会见证一个历史性瞬间——自罗马时代延续的巨大权力迎来终结。莫伊塞斯·纳伊姆担任委内瑞拉产业大臣一职之后作为作家名扬世界,他在所著《权力的终结》一书中主张,我们的确生活在这样的时代。

纳伊姆提出,巨大的权力因 3M 而处于不可逆的衰退过程,3M 即 More、Mobility、Mentality。他把这三个变化都称为"革命"。让我们来简单地一一介绍吧。

第一个是"More",主要意思是"物质富裕程度的提高"。众所周知,进入 21 世纪以后,世界的贫困阶级趋于减少,中产阶级兴起。如果中产阶级兴起,那么独裁政权就很难成立。

托马斯·弗里德曼在《凌志汽车和橄榄树》一书中指出"有麦当劳的国家之间不会打仗",因为他接受了"当一个国家的中产阶级兴起,麦当劳门店能够连锁经营时,就不可能会形成达到开战程度的集权"这种说法。

第二个是"Mobility"，主要意思是"物理性机动能力＝流动的容易程度"。20 世纪后半期开始，因为有更多的方法令国家和团体从由某种权力支配变成由其他权力支配，因此支配权力发生了自然淘汰，导致特定领域的权力实效性持续下降。

例如，通过所谓的"金融科技"（由英文单词 Fintech 翻译而来，Fintech 由金融"Finance"与科技"Technology"两个词合成。主要指代那些可用于撕裂传统金融服务方式的高新技术），暂时在国外工作而非移民的人们可以更方便地进行跨境汇款，可以说这些都是非常典型的例子。为了发挥"Mobility"，低廉又安全的汇款服务就变得不可或缺。

最后是"Mentality"，主要意思是"权力意识的变化"。我们可以看到，因为"Me Too"运动等，越来越多的人认为"即便是没有力量的我们也可以对社会产生影响"并采取行动。

的确，从前，一个人拥有的地位与可行使的发言权和影响力这两者之间关系十分密切。但由于社会构造和科学技术的发展，那样的状况如今无疑在发生巨大变化。

近来，日本企业违反命令的事件层出不穷。这种现象一般来说容易被认为表现出"日本企业道德低下"，但并非那么简单。我们也许可以认为，这一现象意味着很多一直被隐藏的、埋葬在黑暗中的不祥之事被很多"无名之士"泄露从而浮现出来。我个人认为后者的可能性更大。

在这样的时代，认为"毫无发言权和影响力的自己提出意见并没有意义"，不说该说的话，拥护当下气氛并揣测他人心思的做法，我们只能断定是 Old Type。

另一方面，New Type 则按照自己的审美意识，对于"觉得奇怪的事情"就说出觉得"奇怪"，如果意见不被接受，就发挥流动能力然后逃跑，以此不断给权力者和组织施加压力。

总　结

在不安定、不确定、复杂、模棱两可化导致经验无价值化的世界，如果继续依赖"经验丰富的长辈"，即迄今为止被赋予巨大权力的决策权限者，那么决策风险就会升高。

Old Type 期盼从因揣测和忠诚而变坏的长辈那里沾权力的光，在这样的时代，如果这种 Old Type 增加，那就会导致组织的决策品质继续恶化、道德崩坏、表现力下降。

为了保持组织内决策品质的高水准，New Type 变得十分重要，即对长辈提出意见，根据情况行使逃跑权。

New Type 通过积累组织外部通用的技术、知识等人力资源以及风评、信用等社会资源来提高流动性。New Type 不在意自己的职位风险，会对长辈提出意见或行使逃跑权，这正是因为他们具有被人力资源和社会资源所证实的"流动性"。

New Type 基于审美意识提出意见，意见不被接受就逃跑，如果这样的人越来越多，那么血汗工厂等反社会型组织就无法再存续。

Old Type ▶根据不同头衔与立场而采取不同言行

New Type ▶无关头衔与立场，畅所欲言

23 因"问题意识"采取行动，而非权威

不要去问是谁那样说的，而要用心去想说的是什么。

——托马斯·肯皮斯《效仿基督》

凭借经验量决策的风险

"经验的无价值化"还导致组织等级制度崩坏。

几乎所有企业组织都变成了马克斯·韦伯定义的官僚型组织。所谓官僚型组织，指的是用这样一种系统运营的组织：职员的经营规则和决策权限都被限定，仅可在规则允许的范围内自行判断并从事经营活动，而无法用规则判断的例外之事则与上司商量，仰仗于上司的判断。

因此，很多企业组织在运营时，越是无法用规则处理的例外事件，越会提交到组织的上层阶级，最终"例外程度"

最高的事件就到了最高经营责任者之处。

这种组织模型中，上层阶级通常是经验丰富的长辈，他们拥有进行重要决策的权限，与此同时，经验年数相对较短的年轻人则处于下层阶级，决策权限也很小。

实际的组织分析数据也证实了这一点，例如 2006 年，数据分析专家阿维纳什·考希克和罗尼·克哈比分析了几乎所有企业的主要决策结构，并将那种风格命名为"Hippo"。所谓"Hippo"，即"薪酬最高的人的意见 =Highest－Paid Person's Opinion"的简称，并不是指河马（河马的英语名称为 hippopotamus，人们常简称为 hippo）。

但在不安定、不确定、复杂、模棱两可化的世界，经验的价值渐渐下降。Old Type 采用 Hippo 系统，将"经验、知识的多少"和"决策的权限"挂钩，不得不说，如果继续实行这种决策风格，那么将面临极大风险。

为什么这样说呢？因为状况的不确实性越高，相关人士就越有必要以平等的关系进行交流。航空事故统计清楚明了地展现了这一点。

为什么机长的事故率高于副驾驶?

通常，一趟客机由机长和副驾驶联合执飞。一般来说，机长在驾驶技术和情况判断能力方面都优于副驾驶，但航空事故历史数据显示，机长亲自手握操纵杆时比副驾驶握操纵杆时更容易发生坠机事故。

这到底是怎么回事呢？技术和判断能力都更好的机长手握操纵杆时却反而容易发生事故，这一事实着实令人困惑。

我们把驾驶舱看作一个"迷你组织"就可以解开这个谜题。也就是说，这时关注的是驾驶舱这个组织的表现力在怎样的状态下会最优化，而不是飞行员个人的表现力。

当在驾驶舱内进行高质量决策时，机长和副驾驶要互相检查彼此的行为和判断，如果有问题就要提出异议。

这种情况下，当副驾驶手握操纵杆时，他的上司即机长可以非常自如地检查他的行为和判断。也就是说，当副驾驶执飞时，活动的"胳膊"可能只是他一个人的，但运转的"智慧"却是两人份的。

反过来呢？当机长手握操纵杆时，身为下属的副驾驶能对机长的行为和判断提出异议吗？即便有什么想法，但如果说不出口，那么活动的"胳膊"和"智慧"都只有一人份。这样一来，特意在"组织"中工作就没有意义。

"反驳上司的困难程度"＝权力距离指数

荷兰心理学家吉尔特·霍夫斯泰德受IBM委托调查"反驳长辈的困难程度"，他将之数值化，定义为权力距离指数＝PDI（Power Distance Index）。

霍夫斯泰德原为马斯特里赫特的林堡大学组织人类学及

国际经营论研究人员。20世纪60年代初期，吉尔特·霍夫斯泰德受IBM委托，在1967—1973年的6年间展开研究，当时他作为国民文化及组织文化的研究第一人已经在国际上享有盛名。研究结果发现，IBM各国办公室中，管理者和下属的工作和交流方式都大不相同，这对思想产生了极大影响。

国家	PDI
法国	68
希腊	60
韩国	58
日本	54
意大利	50
美国	40
荷兰	38
前联邦德国	35
英国	35
瑞士	34
丹麦	18

根据霍夫斯泰德的PDI（Power Distance Index）调查制作

图16　发达国家及地区的权力距离指数

霍夫斯泰德将权力距离定义为"在各国的制度和组织中，弱势成员对于权力分配不平等的预期及接受程度"。

例如，英国等权力距离较小的国家将人与人之间的不平等程度抑制到最低，权限分散的倾向很强，下属期待上司行使决策前与他们商量，人们几乎不接受特权和身份差异等。

而在权力距离较大的国家，倒不如说人们期待彼此之间不平等，权力弱者依赖支配者的倾向很强，中央集权化发展。

权力距离的差异对职场上下级关系的应有状态产生了极大影响。

据霍夫斯泰德所言，发达国家和地区的权力距离指数如图 16 所示。日本的分数果然相对靠前。

霍夫斯泰德还在该书中指出，在权力差距指数高的国家，"踌躇于向上司提出异议的职员屡见不鲜"，"在权力差距大的国家，（中略）上司对于下属来说很难亲近，几乎不可能面对面向上司提出反对意见"。

灾难电影体现出的日本人行为特征

如果在研讨会和演讲会等地方谈论权力距离指数的具体数字，会有人反驳称"有违和感"。因为这好比是在对比周围的"气氛"，很难令人有实感，而各国制作的灾难电影则客体化地展现出了这种"气氛"。

灾难电影各式各样，不过有趣的是，它们在"发生前所未有的大事，然后被人们解决"这一情节上都是共通的。也就是说，"这种时候，如果是你的话会怎么做"这一思考实验变成了雄壮的影像，因此，各国的灾难电影必然会体现出那个国家特有的"面对问题时的习惯＝行为特征"。

例如当我们观看美国的灾难电影时会发现，当发生前所未有的问题时，发挥领导力的大多不是处于核心位置的人，而是普通民众。

比如史蒂文·斯皮尔伯格执导的杰作《大白鲨》中，最终消灭大白鲨的人是乡村警官，而不是当权者。《虎胆龙威》中解决事件的也是乡村警官，而FBI专业迎敌部队毫无作用。

从某种意义上也可以说这是一种模式，"发生前所未有的大事件时，因为本应发挥能力的核心人物太无能，所以以小人物站出来解决了事件"这一点成了这些故事中共通情节的重点。该重点包含一种批判性，即"不要依赖于核心，没有权力的你也可以发挥作用"。

但在日本，这个重点却完全相反。例如日本的灾难电影《哥斯拉》，打败哥斯拉的芹泽博士是受政府委托前去杀敌，我们可以看出这种结构直接与核心及领导力挂钩。

再比如小松左京的《日本沉没》，预言大地震来临的物理学家和日本政府联合拯救国民，这也是"领导者"和"核心"直接挂钩的结构。

也就是说，"上层阶级"在日本灾难电影中总被描绘成正确的、有力量的、困惑时能给予普通民众帮助的形象。

自 20 世纪 60 年代起，《水户黄门》等作品 50 多年间一直在电视上播放，虽然严格来说它并不属于灾难电影，但也可以说展现了"困惑时得到伟大优秀之人帮助"这种心性。

领导力并非诞生于"权威"

日本人在明治维新时提出了近代公民社会理想并废除了身份差别制度，但之后尽管过了 150 余年，我们至今仍然能在权力的象征"三叶葵印盒（原用于收纳印章，到江户时代演变为腰间存放药物的容器）"上看到普通公民跪地的姿态。

媒体艺术家落合阳一说"日本人正在向排他性社会团体发展[3]"，我觉得这说法着实尖锐。

让我们来看看霍夫斯泰德如何描述权力差距指数很大的文化圈。他指出，在权力差距指数很大的国家，"倒不如说人们希望人与人之间不平等，弱势群体依赖于权力支配者的倾向很强，中央集权化发展"。

霍夫斯泰德的这一说法以及《哥斯拉》等日本灾难电影与好莱坞电影之间的构造性差异暗示了在日本等权力差距指数很高的文化圈中，很难诞生与权力形成对峙的领导力。

日本人有一种奇妙的性情癖好，那就是把"权威"和"领导力"视为一体。但在不安定、不确定、复杂、模棱两可化的世界，积累的经验和知识快速贬值，如果继续维持 Old Type 的思考方式，那么我们的组织很可能会不断走向灭亡。

从一开始，领导力就不是诞生于权威，而是因问题意识而生。

通过分析日本企业组织就会发现，很多中层管理者认为"因为自己没有权限处理"，所以什么也不做，如果这些人得到了权限，也会开始做些什么吧？但我并不这样想，如果一个人现在无法靠自己的判断行动，那么即便将来掌握了权力，也依然无法行动。

正如之前所说，好莱坞电影中发挥领导力的是处于组织下层、没有权限的人们，这些人超越了自己的权限，被问题意识和危机意识激发，万不得已之下发挥出了领导力。

但是想一想，历史中那些发挥了伟大领导力的人们也是如此，比如耶稣、马丁·路德·金、莫罕达斯·卡拉姆昌德·甘地等人。他们在组织中亦没有权威和地位，只是基于自己的问题意识，不断地倾听世界、仔细观察、帮助他人。可以说这正是今后时代所需的 New Type 的思考和行为方式。

总　结

在知识、经验急速无价值化的世界，历来的阶级制度，即上级阶层权限极大、对例外事物进行决策的构造，正在实质性地失去意义。

正如作家莫伊塞斯·纳伊姆所说，如今我们正处于"权力终结"的进程中，依赖或追求权力的 Old Type 正落后于时代。

机长手握操纵杆时比副驾驶更容易发生事故，该统计结果暗示，无论是判断力多么优秀的领导者，力量弱但和同伴讨论决策的人都比单独作决策的人更加优秀。

根据荷兰的吉尔特·霍夫斯泰德所言，日本的权力差距较新教（新教，英文名称 Protestantism，亦称基督新教，与天主教、东正教并称为基督教三大流派）各国来说相对更高，从而形成了组织下层很难向上层提反对意见和建议的组织习惯。这对于组织决策品质十分不利。

日本人大多认为"权威总能起到些作用"。但是，这种 Old Type 的思考方式风险非常高，尤其是在不安定、不确定、复杂、模棱两可化的世界，他们总认为权威能做出正确判断然后拯救现状，而 New Type 不依赖于权威，有自己的问题意识并不断对人们产生影响，十分适应时代需求。

Old Type ▶无条件赞同系统
New Type ▶批判并修正系统

24　无拘固有系统，大幅度改写

如果说我们是"空想家"，或者是"很难拯救的理想主义者"，抑或"只想着不可能的事情"，那么我们可以回答几千次——"是的"。

——埃内斯托·切·格瓦拉[4]

沉溺于眼前游戏的人们——残酷的社会系统越来越顽固

我觉得很多现代人都过度禁锢于一种问题意识，即在当今社会，如何功利性地行动才能赢？

无论社会和组织样态好坏，很多人都果断地认为"社会就是这样的"，他们不去改变系统，反而让自己去适应系统，赢得游戏。

最后，的确有些人获得了可喜可贺的高额收入并赢得了他人的嫉妒和羡慕，看着那些被称为"赢家"的人，很多人天真地觉得"如果我和他们一样努力，那我也会像他们一样成功"，这也是"市场"的一个侧面。

但是，这种 Old Type 的模式，即"毫不批判地适应系统，想要赢得好的立场"，存在两大问题。

第一个问题是，如果继续模仿那些适应如今的社会系统然后取得成功的人，那么有问题的社会系统就会越来越牢固，难以动摇。

例如，以美国为首，如今的发达国家中贫富差距扩大正在成为深刻的社会问题。财富极度不均匀自然是因为系统机能不健全，但很多人会觉得"正因为社会如此残酷，'贫富'差距在扩大，所以我要为了进入'富'的这一方而努力"！

可是，如果这种努力获得成果并取得巨额收入，那就越发会扩大及延长"贫富差距"，问题也就越深刻。

近来，甚至连受过高等教育的精英之中也不乏这种人，总在思考"怎样做才能在这残酷的社会中幸存呢"，但并没有人一开始就想要"残酷的社会"。

假设我们的社会是"残酷的社会"，那么接受教育的精英真正应该思考的不是"在残酷的社会如何获胜"，而应该是"为什么我们的社会是残酷的""要怎么做才能够建设温和又公平的社会"。

Old Type 导致过度最优化——无价值财富全部蒸发

Old Type 的做法是优化自己，让自己去适应无用的系统。我想指出 Old Type 的第二个问题就是，因为系统在逐渐变化，所以过度最优化必定会无法完全适应系统。

一直成功发挥机能的东西某天突然变得不通用——这种事情不论什么时候发生也不足为奇。

近年的典型事例要数雷曼事件吧。21 世纪初期，知名工商学院 1/3 的毕业生都敲了投资银行的大门，想要构建可谓"玫瑰色人生"的华丽职业生涯。

但是，"首个年度的奖金就达到数千万日元"这种状况突然宣告终结，世界发生巨变。那些积累了变化前的技术和知识的人被世界背弃，因为那些技术和知识只适合旧世界。Old Type 总想要过度最优化自己以适应系统，但今后，他将在各种领域面临不合适的问题。

正如刚才所说，整个社会各司其职，合作创造财富，但产生的财富却极端地分配给一部分人，发生这种事态是由于系统机能不健全。

选择工作时，Old Type"重金钱胜于重价值"，所以他们利用不健全的机能，想要在"优越地位"占有一席之地。而 New Type 则是"重价值胜于重金钱"，为了修正不健全的系统机能而采取行动。如果 New Type 的做法奏效，成功改正了不健全的机能，那么就能改善机能不健全导致的财富分配不均，最终，Old Type 构建的"优越地位"就会顷刻消失。

那么，Old Type 之后该怎么做呢？恐怕结论是"什么都不做"吧。因为从一开始，他的行为就无法"产生价值"。

我本人对于全盘接受系统这件事自然是持批判态度，但如果把问题的原因全都归结于系统，认为用其他东西代替就能解决问题——这种想法也是不对的。

这一点非常重要，但因为容易被误解，所以请务必注意。

假设 Old Type 是沉迷并适应现系统，那么人们可能会觉得，全盘否定现系统、想要转变成新事物的做法就是 New Type，这完全是误解。虽然人们可能会认为两者完全对立，但实际上，它们均认同世界观的根基是"系统为'主'，人类为'从'"这种结构。

同样的事情也可以用来形容 20 世纪 60 年代美国西海岸盛行的嬉皮士运动以及公社运动等。当时，物质主义和认可欲望的支配力越来越强，但这些运动虽然作为反命题十分兴盛，却仅仅只是哄嚷"反对资本主义"，最终也没能回答"那么要怎么做才好呢？"这个问题。

人们聚集于郊外的摇滚音乐节，唱着"爱与和平"，但最终却什么也没有改变，最后，这种运动以摇滚产业和时尚产业的形式强有力地推动了资本主义发展，一些创业者接受了这种精神洗礼后，在美国西海岸开创了一批企业，这批企业已成为市值全球第一的公司，向世界展示了美国资本主义的厉害。

我们不能将如今面临的状况当作"系统问题"来处理。至今，仍然有很多人提出并争论"换成怎样的系统才能解决问题呢"这个论点，但无论采用怎样的系统，如果生存于其中的人类不改变，那么那个系统就不会带来财富。

重点在于思考"系统和人类关系的应有状态"。只改变系统就能解决问题的想法是典型的 Old Type。

不沉沦也不掉队——如何改写这个世界的剧本？

活跃于 20 世纪前半期的德国哲学家马丁·海德格尔[5]通过"世界剧场"这一概念，提出亲在（海德格尔用语，把自己当作人来理解的存在者，即人的本质。认为与事物或工具等存在者不同，而是作为实存存在于世界中）和人在社会中的角色并不相同。

心理学将人在舞台上演绎的角色称为"伪装人格"。伪装人格（persona）一词源自拉丁语，意思是假面。人们戴着和真实的自己不一样的假面，演绎着被赋予的角色。英语中将人称为"person"，将人格称为"personality"，这两个词也来源于 persona。

所有人为了在世界剧场中演绎角色，都被投放到世界这个舞台上，马丁·海德格尔称之为"企投"。被企投的人们沉溺于世界剧场中的角色这件事被命名为"沉沦"。

这里的问题在于"亲在和角色的区别"。很多人无法区分沉沦于角色的自己和真实的自己。得到帅气角色的人认为

"帅气"的不是角色而是自己的亲在，而得到低下配角的人亦认为"低下"的是自己的亲在而不是角色。

得到主演级别角色的人只占极少数，更多的人被赋予了低下的配角，他们作为拙劣的演员站在世界剧场的舞台上，对扮演角色非常苦恼，坐立不安。那么，他们对那些完全融入角色、高声歌舞的主演感到既嫉妒又羡慕吗？抑或正相反，压根儿不想变成那样？

无论他们是哪一种态度，都是被怨恨所禁锢从而无法正常思考，这与本质上沉溺于角色然后自我满足的 Old Type 一般无二。

就如刚才所说，人们在世界剧场演绎的剧目存在很多问题。应该没有人觉得这个世界非常健全，完全处于理想状态吧？也就是说，置身于世界剧场来看，人们演绎的剧本完全是失败的。

所以，我们必须改写这个剧本，但这里就出现一个问题——"谁能够改写这个剧本？"

本身有资格过问剧本的人就微乎其微，比如电视剧制作，只有桥田寿贺子那种级别的知名编剧或导演以及泉品子那种级别的著名演员才能参与剧本修改吧。

但是，社会上的活跃者即知名演员并不具备改写剧本的诱因。这类人因"剧本的弊病"而享受着各种各样的利益，所以他们并没有修改剧本弊病的诱因。导演和编剧也同理，这些能干预剧本的人同样也不具备改变剧本的诱因。

另一方面，那些完全无法适应剧场的人，即被强行赋予配角角色的蹩脚演员，他们当然具备改变剧本的诱因，但很多蹩脚演员比起修正"剧本的弊病"，只顾"我要怎么做才能也成为明星演员"，从而成了被明星演员榨取利益的冤大头，这导致剧本的弊病越来越顽固。

最终，能够改写剧本的就只剩下一类人：他们既能通过在舞台上适当的言行举止提高发言权和影响力，同时又批判性地看待剧本[6]。承担改变系统责任的 New Type 正是这种双重性人物[7]。

总　结

适应如今的社会系统并想成为其中胜者的人络绎不绝，但抱有这种思考方式的 Old Type 越多，现代的社会系统就越顽固。

如今的社会系统存在很大的问题，比如贫富差距扩大、各地生活与文化水准相互背离、地球环境负荷增大等。该系统正顽固地残存，我们不能忽视这一点。

Old Type 的行为方式是将自己调整到最优状态，让自己去适应系统，希望独占优越位置，但今后，激烈变化的环境必会导致"过度最优化"的问题。New Type 的做法则是比起"金钱"，更看重本质性的"价值"然后为自己创造一席之地。当今社会，New Type 更有可能拥有可持续性的职业生涯。

Old Type 或是"让自己去适应系统",或是"全盘否定系统然后用其他系统代替",而 New Type 则是姑且先适应系统,然后一边积累在系统内的发言权和影响力,一边看清系统所有的问题,为改变系统而采取行动。

---

1 中西辉政(生于1947年6月18日),日本历史学家、国际政治学家、京都大学名誉教授。专业为国际政治史、文明史。摘自中西辉政所著《看懂世界本质的思考术》。

2 "社会瞬间变坏"的案例中,很多运转模式都是因巨大权力而形成的自上而下的传达。比如希特勒、波尔布特等人都是因采取主动权而达成最终目的,而他们的主动权均来自"被善意等虚假之物束缚的巨大权力者"。

3 摘自落合阳一所著《日本再兴战略》第74页。

4 埃内斯托·切·格瓦拉(1928年6月14日—1967年10月9日)。出生于阿根廷的政治家、革命家。古巴革命中任游击队队长。

5 马丁·海德格尔(1889年9月26日—1976年5月26日)。德国哲学家。主要作品有《存在与时间》。20世纪大陆哲学(注:欧洲大陆的哲学,与英美哲学相对)中最重要的哲学家之一。因20世纪30年代与纳粹合作而受到诸多批判。

6 这个社会由向善之人聚集形成,但为什么会变得很难生存呢?几乎所有近代以后的哲学家都对这个问题进行了考察并提出了一些提案。我们很多人熟悉的夏目漱石所著《行人》中,苦恼"生存很难"的主人公之兄激言称"我今后只能或自杀,或发狂,或皈依宗教",这和尼采、克尔凯郭尔、迪尔凯姆、海德格尔的结论基本相同。但我很想提倡"不沉沦,不自杀,坚强地生活"这条路,将之作为第4个选项。

7 人们普遍认为矛盾是负面的，避之唯恐不及，但其实矛盾是十分重要的概念，可以避免系统事故。斯科特·菲茨杰拉德提出成为一流作家的条件是"内心拥有两种相反的思想，精神上则装作满不在乎"，极端来说就是"敷衍的人"，即可以冷静地说和做矛盾之事。尤瓦尔·赫拉利亦在世界畅销作《人类简史》一书中指出，"矛盾的信念和价值观"对于文化的形成来说不可或缺。

结　语

　　各位读者朋友，我希望当你们合上这本书时思考一个问题：如果搬到宇宙殖民地上去，你觉得人类会想带走哪些文化遗产呢？

　　我曾在小学演讲、大学课堂、企业职员研讨会等各种场合问过与会者，但答案总是雷同，八到九成都是"带走 18 世纪以前制造的东西"。我们一般说经过 20 世纪，人类完成了爆发性提高生产率的目标。但这种产品必定不是我们想传承给后代的东西。

　　这到底是怎么一回事呢？让我们从生产率这一观点出发来对比 18 世纪以前的社会和现代社会吧。

　　首先是劳动力。日本江户时代的人口，即便是最盛时期的元禄时代也仅有约 3000 万人，而如今日本的人口有 1.2 亿人，即原来的 4 倍。

　　其次是劳动时间。江户时代人们的劳动时间一般为每天 3—4 个小时，而如今的日本人大概为 7—8 个小时。这令很多人身心俱疲，工作变成了苦差事，甚至心理病态化，最后自杀的人也络绎不绝。也就是说，人口变成 4 倍，劳动时间却翻一番，综合来说投入了八倍的劳动量，除此之外，人们还受到强烈的精神负担折磨。

接着是消费能源。江户时代的石油资源消费量为零，而在如今的日本，每人每年消费 10 大卡（指 1000 卡路里）的石油资源。

最后是环境负荷。江户时代完全是可循环社会，可如今，全球气候变暖作为不可避免的问题迫在眉睫，半个世纪前水俣病（因有机水银中毒而引发的一种慢性病）和骨痛病等各种公害（随着事业活动和人的活动而产生的对自然以及生活环境的破坏，给地域居民、一般公众设施带来的精神上、肉体上、经济上的种种损害）也在各地酿成了极大的悲剧。

那么，我们在经济学和历史教科书中所学的"生产率提高"到底是什么意思？我们不得不深入思考这个问题。

人类投入庞大的人力资源、耗尽矿物和石油等地球资源后产生的"生产物"中，其实大部分都无须留给子孙后代，而这些不必留给子孙的、我们替子孙处理即可的东西就是"垃圾"。投入这么多劳动量和资源，我们却还在孜孜不倦地继续生产"垃圾"。

人类是靠意义生存的生物，但制造并出售垃圾这件事并没有意义。被迫从事没有意义之事的人一定会崩溃。在日本等一众发达国家，精神病态者的数量增长至此就是因为很多人没能在"制造并出售垃圾"这件事中找到"意义"吧。

如今，科学技术的进化越发促进了这种势头，今后，表面意义上即所谓的"生产率"还会继续提高。但这里的问题在于，我们人类在使用越来越先进的科学技术，但我们的"人性"却完全没有进化，从趋势上来看，甚至相较于100年前还退化了。科学技术变得更强大的同时，娴熟运用它的我们却反而在退化。如果这种状况继续持续，那就会加速我们在过去100年间的愚蠢行为，我们会用更高的"生产率"继续生产出庞大的垃圾吧。

问题出在哪儿呢？有人指出根本性问题在于资本主义这种系统。的确，资本主义造成了极大影响，这一点毫无疑问，但正如本书所述，我认为即便全盘否定资本主义也别无他法。"因为这个不行，所以换成别的吧"这种"替代性"想法属于20世纪的Old Type，惯于从系统寻找恶化的真正原因，然后希望通过替换成其他系统来解决问题，这种想法虽然轻松简便，但无法从本质上解决问题。

我们不能把如今面临的状况视作"系统的问题"来处理，无论如何更改系统，如果人们的意识不改变，那么状况就无法得到改善。

若我们的社会只生产与庞大劳动力不符的、毫无成果的东西，那就是因为在社会中工作的我们对这件事既不自觉也无批判。这一事实以现状为前提。

2019年5月1日，日本的年号从平成改为令和。历史学家、美术史家E.H.贡布里希以15世纪的文艺复兴为例，对"时代发生了怎样的变化"这个问题作出如下叙述：

如果有一天，一名骑马的号手突然出现在街上，四处宣告："各位，一个崭新的时代开始啦！"那该多棒呀。但现实中并不会发生这样的事情。人类虽然会改变看法，但自己并不会注意到。然后某个时候突然意识到这一点——就像打开古籍时的你。接着得意扬扬地说"你们生活在一个新时代"，还常常附加一句"从前的人类十分愚蠢"。

——E.H. 贡布里希《献给年轻读者的世界简史》

据贡布里希所言，"向新时代的转换"并非形成于 Old Type 推崇的"在号角齐鸣中替换系统"，而是在无形中因"人类的看法发生改变"而产生。因为每个人的思考和行为方式从 Old Type 转变成 New Type，从而发生了时代更替，这即为贡布里希所言。

若我们如今正处于时代的转换期，那么"人类的看法"也会悄无声息地发生改变吧。我希望各位读者朋友在读完本书后，思考自己的"新时代的必要条件 =New Type"，不被 20 世纪价值观和劳动观所束缚，从而能够享受柔和、自由、崭新的人生。

山口周

2019 年 6 月